나는 명상하는 사람입니다

나는 명상하는
사람입니다

초판 1쇄 | 2024년 11월 04일

저자 | 은종 **펴낸이** | 송승용
펴낸곳 | 도서출판 티움 **디자인** | 디자인감7
출판등록 | 제314-000011 **주소** | 서울시 양천구 신정동 1009-6
전화 | 0505-302-8435 **전자우편** | tiumbooks@naver.com

ⓒ 은종 2024
ⓒ 표지 그림 〈고요한 밤의 명상〉 이하얀 2024

나는 명상하는 사람입니다

은종 에세이

내 삶에 터닝 포인트가 되어줄 마법 같은 주문

티움

프롤로그

이제 당신이 김치 맛을 볼 차례

명상 인구가 늘어나고 있습니다. 삶이 고달파 위로가 필요해서, 더 높은 이상과 꿈을 실현하기 위해, 스트레스나 인간관계가 힘들어서, 삶의 의미를 찾기 위해 명상을 시작하는 사람들이 있죠. 탁월한 아이디어나 영감이 필요해서 명상을 시작하기도 합니다. 또 어떤 사람은 단순히 생각을 쉬고 충전하기 위해 명상을 하죠. 이처럼 다양한 필요와 욕구에 따라 많은 이들이 명상을 시작합니다.

명상을 한 후로 걱정이 줄어들고 마음이 편안해졌다는 사람들이 많고, 명상을 시작한 지 5주 만에 피부가 환해지고 표정이 밝아진 사람도 보았죠. 제각기 차원이 다른 여러 가지 문제가 있었지만, 명상 후 일시에 다 풀렸다는 사람도 있습니다. 업무에 집중력이 높아지고 조바심이 줄어든 사람도 있죠. 대체로 마음이 평온해지고 여유가 생겼다고 합니다. 명상이라는 김치 맛을 본 사람들이죠.

명상의 세계는 넓습니다. 방법도 다양하죠. 하지만, 고요함과 알아차림이 깊어지고 과거나 미래로 달아나던 마음이 현재에 머무르는 순간이 길어지면서 마음이 흔들림 없고 온전해지는 것은 공통된 특징입니다.

이제 당신이 직접 김치 맛을 볼 차례입니다. 말로 듣고 글로 읽는 명상이 아니라 몸으로 체험하고 삶에 녹아들도록 해야 할 시간이죠. 어렵게 생각하지 말고, 바로 시작해 보면 어떨까요?
이 책 전반에는 명상하는 방법을 자세히 반복해서 언급하고 있습니다. 책을 읽다가 덮어놓고 잠시라도 눈을 감고 명상할 수 있도록 의도한 거죠. 저도 명상 책을 볼 때는 읽던 책을 옆으로 밀쳐두고 명상을 해보곤 합니다. 어떤 때는 그대로 앉아서 1시간 동안 명상했던 적도 있죠.

무슨 일이든지 잘하는 사람은 그 일 자체를 좋아합니다. 결과에 연연하지 않고 그저 좋아서 하는 거죠. 명상도 그렇습니다. 좋아서 자주 하면 참맛을 느끼게 되고, 멈출 수 없는 매력에 빠져듭니다. 이젠, 당신이 명상이라는 김치 맛을 볼 차례입니다. 그 맛이 여러분 마음에, 가슴에, 삶에 녹아나서 온전하고 행복한 삶의 주인이 되길 바랍니다. 그런 사람을 가까이 두는 것만으로도 가족이나 친구, 연인, 세상도 따라서 온전하고 행복해지겠죠. 꽃이 피면 벌 나비까지 행복해지는 풍경입니다.

저도 가끔 생각합니다. 이 맛을 조금만 더 일찍 알았다면 내 삶이 훨씬 수월하고 편안해져서 주변 사람도 더 행복하게 해줄 수 있었을 텐데. 사랑도 더 잘하고, 일도 더 잘할 수 있었을 텐데. 하지만 지금도 늦지 않았죠. 이 맛을 보는데 너무 늦을 때는 없으니까요. 누구든 언제든 맛을 보기만 한다면 그 이후의 삶은 더 나아질 것입니다.

이제 당신이 김치 맛을 볼 차례에요. 무슨 맛을 보든지 지금까지 경험하지 못한 새로운 세계를 경험하게 될 겁니다. 세상이 변하는 것이 아니라, 세상을 바라보는 나의 시선이 바뀜으로써 새로운 세상이 열리죠. 있는 행복을 누리고, 없는 행복을 불러올 수 있는 마음의 힘이 불러오는 세상 말입니다. 그렇게 고요하지만 새로운 세상을 만날 수 있는 마법 같은 여행에 여러분을 초대합니다.

차례

프롤로그_이제 당신이 김치 맛을 볼 차례 05

명상이 주는 매력

1. 명상은 멋진 일이다 14
2. 하지만 만병통치약은 아니다 18
3. 잠든 거인 깨우기 24
4. 또 다른 마음이 불러오는 변화 29
5. 삶의 주인으로 꽃 피는 사람 33
6. 네가 있어 다행이야 38
7. 나만의 은밀하고 고요한 42
8. 틈날 때마다 그냥 앉아서 47
9. 이완, 고요, 알아차림이 있다면 52

명상의 다양한 얼굴

1. 명상이 뭐길래? 58

2. '옆으로'가 아닌 '깊이' 걷는 길 64
3. 애씀을 멈추고 쉬고 쉬는 68
4. 고요함이 주는 선물 72
5. 비, 구름, 바람 너머 텅 빈 하늘처럼 75
6. 스스로 경험하는 자유로운 삶의 길 78
7. 내 안의 '또 다른 나'를 만나는 여행 82
8. 마음 근육을 탄탄하고 대범하게 85
9. 내면으로부터의 고요한 혁명 89

방석 위의 명상

1. 일단 몸부터 앉아서 눈을 감고 96
2. 자세를 유지할 수 있는 힘만 남기고 100
3. 잘 앉기만 해도 반은 성공 106
4. 가만히 마음을 들여다보면 111
5. 온 우주가 내 몸을 통해 숨 쉬듯이 115
6. 아랫배 단전에 의식을 두고 119
7. 한 폭의 풍경화 속으로 녹아들어 123
8. 산란함에서 고요함으로 128
9. 고요함에서 알아차림으로 132
10. 알아차림을 더 명료하고 미세하게 137
11 알아차림에서 꿰뚫어 봄으로 140
12. 일상을 빛내는 통찰과 지혜로 146

넷. 삶의 터전에서 명상

1. 껍질을 벗으며 성장하는 나무처럼 152
2. 지금 여기에 온전히 157
3. 바쁜게 중요한 것이 아니라 162
4. 남편과 대화하며, 아이와 놀아주며 167
5. 농사짓는 사람이 밭을 고르듯이 172
6. 정신 차리고 대응하기 177
7. 명상가의 기도 182
8. 열한 살 꼬마가 화를 참은 건 187
9. 마음이 어수선할수록 청소를 깔끔하게 191
10. 답답한 마음의 출구가 되는 혼자 걷기 195
11. 어떤 꽃이 필지는 아무도 모르지만 199
12. 멈춰서 고요히, 밖이 아니라 안으로 203

다섯. 마음 거울에 비치는 풍경들

1. 다 알고 있지만 끌리지 않는다 210
2. 내 마음이 고요하면 세상이 고요하고 213
3. 꼭 다문 입술을 이완하며 살짝 미소 217
4. 마음에 스쳐 지나가는 풍경 221
5. 있는 그대로 자신을 인정할 용기 226
6. 지난날의 잘못이 자꾸 떠오를 때 230
7. 명상 중에 경험하는 특별한 느낌 234

8. 마음 거울에 비치는 나 238
9. 잘하려는 마음마저 내려놓고 243
10. 생각이 많은 건 어쨌든 욕심 248
11. 두려움이 없어지는 크기만큼 252
12. 생각은 생각보다 잘 안 비워지니까 258

명상 Q & A

1. 명상하려면 욕심을 버려야 하나요? 264
2. 멍때리기와 명상의 차이 267
3. 멀티태스킹이 낫지 않을까요? 271
4. 감정 기복이 심한 동료를 어떡하면 좋을까요? 275
5. 중요한 과젤수록 걱정돼서 집중이 안 돼요 279
6. 어린아이도 명상할 수 있나요? 284
7. 교회 다니는 사람이 명상해도 되나요? 289
8. 명상하려면 여자 친구 사귀면 안 되나요? 292
9. 어떤 사람과 결혼해야 할까요? 297
10. 명상이 자기 계발에 도움 될까요? 302
11. 직장을 그만뒀는데 뭘 해야 할지 모르겠어요 305

에필로그_경험해 보지 못한 세상으로 나아가기 311

하나. ★

명상이 주는 매력

01
명상은 멋진 일이다 ★

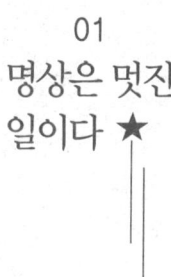

　고인이 된 스티스 잡스를 비롯해서 세계적으로 명성을 얻은 유명인 중에는 명상을 하는 이들이 많습니다. 캐나다의 아이돌 스타인 숀 멘데스도 공연 전 떨리는 마음을 명상으로 다스린다고 하죠. 공연 전에는 '잘해야 한다'는 생각 때문에 긴장되니까 무대에 오르기 전 30초 정도 마음을 챙겨 스스로에게 속삭인다고 합니다. '좋아, 너는 그저 음악을 좋아하는 한 남자일 뿐이야. 모든 걸 내려놓고 그냥 즐겨.' 그렇게 공연을 시작하면 음악과 관객이 하나가 되어 멋진 공연을 할 수 있다는 거죠.

　명상의 힘은 이와 같습니다. 일상에서 필요할 때마다 자신의 마음을 알아차리고(awareness) 생생하게 깨어서 온전히 존재하는 거죠. 과거도 미래도, 나도 남도 아닌 혼연일체의 하나로 흐르는(flow) 겁니다. 나(ego)를 내려놓고 내맡김의 마음으로 끊임없이 변화하는 흐름에 따라 함께 조화롭게 흐르는(time to surrender) 거죠.

공연만이 아닙니다. 어떤 분야든 최고의 실력을 발휘하는 순간에는 나(ego)가 없죠. 온전히 나를 내려놓는 그 순간, 원래 하나인 온 세상(참 나, true-self)이 할 수 있는 최선을 다해 축제를 펼칩니다. 골프를 치는 일이 될 수도 있고, 피겨 스케이트를 타는 일이 될 수도 있죠. 운전하는 일이 될 수도 있고, 일상의 청소나 설거지가 될 수도 있습니다. 수험생의 시험공부가 될 수도 있고, 회사원의 서류 작성이 될 수도, 사장님의 결단일 수도 있죠. 누구든, 어디서든, 무슨 일을 하든지 명상의 힘을 발휘하여 일상의 모든 일을 축제처럼 빛나게 하는 겁니다.

명상은 참 멋진 일이죠. 많은 사람이 명상을 하면 좋겠습니다. 어떻게 보면 지금이 정말 명상하기 쉬운 시대죠. 예전 같으면 스승을 찾아 산을 넘고 물을 건너야 했습니다. 훌륭한 선생님이 어디 있는지 알아도 거기까지 가기가 쉬운 일이 아니었죠. 요즘은 참 많이 달라졌습니다. 인터넷 덕분에 좋은 선생님이 널렸죠. 심지어 수십 년 전에 돌아가신 위대한 스승님들이 유튜브 속에 살아있습니다. 훌륭한 선생님들이 세계 도처에서 열정을 다해 가르침을 펼치고 있죠. 마음만 있으면 누구든 쉽게 명상을 배우고, 삶에 활용하여 그 혜택을 누리며 살 수 있게 된 겁니다.

그럼에도 불구하고 명상을 배우기가 생각보다 쉽지 않죠. 가르침을 들을 때는 이해가 되는 것 같지만, 실제 명상을 하려고 하면 어디서부터 어떻게 시작해야 할지 참 막연하기도 합니다.

저도 개인적으로 명상에 대해 지난 수십 년간 물어보고 또 물었습니다. 배우고 또 배웠죠. 의문하고 의문했고 읽고 또 읽었습니다. 누워서도 했고, 앉아서도 했죠. 눈을 감고도 했고, 눈을 뜨고도 했습니다. 한국에서도 했고, 밴쿠버에서도 했죠. 배 타고 가서 배우기도 했고, 비행기를 타고 가서 배우기도 했습니다. 강의실에서 가르치기도 했고, 선방에서도 가르쳤죠. 한국 사람들과도 같이 했고, 세계 각국에서 모인 세계인들과도 함께 했습니다. 샌프란시스코 70세 서양인 선사에게도 물었고, 티베트 불교 20세 청년 린포체에게도 물었죠.

말로 설명할 수 없는 기쁨의 순간도 많았고, 좌절과 포기의 갈등 순간도 많았습니다. 외롭기도 했고, 막막하기도 했죠. 신기한 현상도 많았고, 기적 같은 치유의 순간도 있었습니다.

청바지 재킷을 입고 와서 검정 법복으로 갈아입는 눈 푸른 선사에게도 배웠고, 길 없는 길을 걷는 법을 알기 위해 회색 승복을 입은 한국 스님에게도 배웠죠. 기(氣)가 쏟아진다는 특별한 장소를 찾아 높은 산을 오르기도 했고, 단전에 집중해서 모은 기의 흐름을 느끼며 완전한 자유를 꿈꾸기도 했습니다. 지구의 공전 주기가 바뀌면서 에너지가 활성화된다는 자시(오후 11시~새벽 1시)에 잠들지 않고 앉아 있어도 보았고, 새벽 3시에 일어나 도봉산 꼭대기 나한전에도 앉아 있어 보았죠.

명상 30년, 이제야 뭔가 조금 알 것 같습니다. 산란함이 고요함으로 대체되고, 걱정과 두려움이 비워진 자리에 사랑이 차오르는 것을 느끼게 된 거죠. 그래서 이제는 명상을 전하는 일에 관심을 갖게 되었습니다. 이렇게 멋진 일을 좀 더 많은 사람이 경험하고 그 혜택을 누릴 수 있으면 얼마나 좋을까요?

02 하지만 만병통치약은 아니다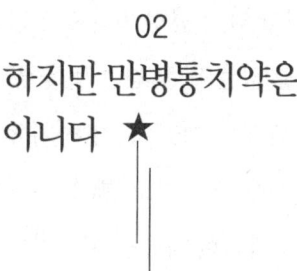

수술을 해본 사람은 압니다. 진통제의 위력을. 아무리 큰 수술을 해도 진통제만 있으면 아프지 않죠. 그렇지만 진통제가 모든 병의 근본 원인까지 해결해 주는 것은 아닙니다. 온전한 치료를 위해서는 진통제와 함께 적절한 치료와 처치가 필요하죠.

명상도 마찬가지입니다. 앉아서 눈 감고 하는 명상은 참 고요하고 편안합니다. 그 순간만큼은 모든 것을 잊을 수 있고 자유롭고 평온하죠. 하지만 거기가 끝이 아닙니다. 앉아서 하는 명상의 그 고요함과 명료함에서 비롯된 통찰력을 실제 삶에 적용하는 일이 남아있죠. 지지고 볶는 일상의 다양한 문제에 직접 적용하여 올바르게 대응해야 합니다. 그러니까 명상은 두 측면이 있습니다. 앉아서 고요히 눈 감고 하는 명상과 실제 삶에 적용하는 명상 두 가지 길이 있죠.

명상을 시작하는 분들은 어떤 기대가 있습니다. 표현하든 안 하든 명상을 통해 얻고 싶은 무언가가 있게 마련이죠. 지극히 정상적인 일입니다. 그런 기대 없이 시간과 에너지를 들여 무슨 일을 시작하기는 쉽지 않죠. 또 어떤 분들은 남들이 막연히 좋다고 하니까 그냥 해보고 싶은 마음을 내기도 합니다. 그래도 마음속에는 여전히 뭔가 바라는 게 있죠.

'마음의 평온을 얻고 싶다' '스트레스로부터 벗어나고 싶다' '인간관계를 잘하고 싶다' '돈을 많이 벌고 싶다' '급한 마음을 내려놓고 싶다' '걱정과 두려움으로부터 벗어나고 싶다' '행복하게 살고 싶다' 등등.

가능합니다. 실제로 명상을 시작하고 인생이 변했다는 사람들이 많죠. 마음이 안정되고 하던 사업이 잘되거나 잃었던 건강을 되찾거나 마음에 여유가 생겼다고 합니다. 잡념이 쉬어지고 마음에 여유가 생기면서 결단력이 좋아졌다고도 하죠. 산란하던 마음이 고요해지고 흐릿하던 마음이 명료해지면서 '인 것'과 '아닌 것'에 대한 분별력이 생겨나고 '아닌 것'을 걷어내고 '인 것'에 집중할 수 있는 마음의 힘이 커지면서 일어나는 자연스러운 변화죠.

자신뿐 아니라 타인과 세상을 향해서도 변화가 일어납니다. 자기중심적인 안목을 벗어나 '있는 그대로'를 볼 수 있는 여유가 생기면서 더 관대해지고 친절해지죠.

하지만 명상이 이 모든 것을 단번에 해결해 주는 만병통치약은 아닙니다.

어떤 마음가짐으로 명상하느냐에 따라 사람마다 개인차가 있죠. 명상 또한 스스로의 진정성 있는 노력 없이는 아무것도 얻을 수 없다는 말입니다. 얻기 위해 명상하는 것은 아니지만 명상을 잘하면 자연스럽게 많은 이점이 따라오죠. 여기서 진정성 있는 노력이란 우리 삶의 일상생활 전반에 걸쳐 노력을 함께 해야 한다는 말입니다. 명상을 하면서 터득되고 변화되는 안목에 따라 삶도 같이 변해야 하는 거죠.

명상에 대한 제대로 된 이해가 없으면 명상을 만병통치약처럼 생각합니다. 삶 속에서 해결해야 할 문제를 직접적으로 해결하려 들지 않고 명상의 세계로 달아나려 하는 거죠. 일상에 산적한 문제를 외면하고 풀어야 할 숙제를 못 본 척합니다. 나로 인해 비롯된 다른 사람의 괴로움에 아랑곳하지 않죠. 세상사 달관한 사람처럼 문제없다는 듯 마음을 비우기만 하면 그만이라고 생각합니다. 비워질 리가 없죠. 억지를 쓰는 겁니다. 그러면서 점점 명상에 빠져들며 명상으로 무엇을 얻은 듯이 하죠. 문제만 생기면 명상으로 달아납니다. '그들만의 리그'로 빠져드는 거죠.

세상에 만병통치약은 하나밖에 없습니다. 어떤 통증과 질환에도 효과가 있는 약, 바로 진통제입니다. 어디가 아프더라도 진통제는 효과가 있습니다. 아픔과 불편함을 느끼지 못하게 하죠. 통증의 근본 원인을 찾아서 치료하지 않고 일시적으로 증상만 완화해 줍니다. 나름의 기능이 있지만 전적으로 의지할 수는 없죠.

명상도 마찬가지입니다. 때때로 진통제를 복용하듯 명상하는 사람들이 있죠. 일단 복용이 쉽고 효과가 빠릅니다. 어떤 문제나 고통도 쉽게 해소되죠. 만병통치입니다. 근본적인 자기 삶이나 문제를 직시하지 않죠. 이런 경우에는 진정한 변화를 기대하기가 쉽지 않습니다. 자신은 털끝 하나 변하지 않고 살던 대로 살면서 '아무런 문제 없는 듯' '달관한 듯' '내려놓은 듯' 말하고 행동합니다. 좋은 점도 있죠. 최소한 통증을 잊을 수는 있으니까요.

진정한 명상은 그런 것이 아닙니다. 흔들리는 마음을 고요히 하여 '있는 그대로'의 '나'와 '세상'을 직면하는 거죠. 직면해서 근원적인 문제를 실질적으로 해결하며 나아가는 적극적인 삶의 태도 그 전체가 명상입니다. 일시적 도피나 망각이 아니라 명료하게 직시하고 실질적으로 대처하는 삶으로 완성되는 그런 거죠.

명상하면서 드러나는 자신의 현주소를 파악하고 적극적으로 인격적 변화와 생활의 변화를 함께 도모해야 한다는 말입니다. 돈을 많이 벌고 싶으면 돈을 벌 수 있는 노력을 병행해야 하고, 집중력을 얻고 싶으면 실제 집중을 해야 하는 거죠.

명상은 우리가 직면하고 있는 문제와 고통을 있는 그대로 직시하고 적극적으로 대처하면서 불필요한 고통을 줄이는 일에 해당합니다. 마음을 고요히 하면 알아차림이 명료해지면서 통찰력이 깊어집니다. 실제로 존재하는 것과 허망한 것을 구분할 수 있는 안목이 생기죠. 마음이 덧칠하고 과장하고 꾸며낸 이야기에 휘둘려서 착각하고 오해하는 것들과 실제를 동일시하지 않게 도와주는 겁니다.

우리는 보통 실재하는 고통보다 더 많은 고통을 겪으며 살죠. 감정과 생각이 왜곡하고 부풀린 고통이 더해지는 겁니다. 명상은 그러한 생각이나 감정이 사실과 다르게 작동하는 것을 민감하게 알아차리고 실제로 존재하는 것에 집중하도록 도와주죠. 그것만 잘해도 불필요한 고통으로부터 얼마나 자유로운지 모릅니다.

 그래서 명상하는 동안 아무것도 하지 않으면서 감정이나 생각이 저절로 가라앉을 시간을 주고 지금 여기에 생생하게 깨어있도록 단련합니다. 그렇게 단련된 알아차림의 힘은 일상의 복잡한 일, 사람, 관계를 대할 때 있는 그대로 실상을 볼 수 있도록 도와서 불필요한 고통을 실질적으로 줄여줍니다. 명상은 만병통치약이 아니라 근원적인 해결책을 찾을 수 있도록 정신을 차리게 돕습니다. 산적한 과제를 피해 달아나는 곳이 아니죠. 결국 우리가 원하는 건 흔들림 없는 안정된 마음의 힘이니까요.

03 잠든 거인 깨우기 ★

명상이 좋다고 합니다. 아니, 명상하면 좋아진다고 하죠. 전보다 나아진다는 말입니다. 그러면 언제부터 어떻게 나아지는 걸까요? 저도 궁금해서 명상을 처음 접한 사람들을 자세히 관찰해 보았습니다. 신기하게도 명상의 효과는 생각보다 빨리 나타났죠. 진지하게 명상하겠다고 마음을 먹고 스스로를 '명상하는 사람'으로 규정하는 순간부터 바로 그 효과가 나타나기 시작했습니다.

자신을 '명상하는 사람'이라고 마음먹는 순간부터 자연스럽게 내면에 잠자고 있던 '또 다른 나'가 깨어나기 시작한 덕분이죠. 평소 우리는 우리의 감정과 생각이 전부라고 생각하고 그것들에 전적으로 의지하고 휘둘립니다. 마음이 우울하거나 걱정이 일어나면 그저 우울해하고 걱정하며 힘겨워하죠. 일어나는 감정이나 생각에 대해 스스로 주도적인 판단이나 선택적 대응을 못 하는 겁니다.

하지만 스스로를 '명상하는 사람'이라 규정하는 순간 우리 안의 '또 다른 나'가 깨어나면서 판단하는 주체로서 기능을 시작하죠. 감정과 생각이 마음대로 작동하지 못하도록 목격자 노릇을 하는 겁니다.

예를 들어, 아침에 알람이 울리면 '일어나기 싫다'는 하나의 마음이 있고 '일어나야 한다'는 또 다른 마음이 있죠. 아무리 일어나기 싫어도 일어나야 한다는 마음이 강하면 우리는 일어날 수밖에 없습니다. '명상하는 사람'이라는 결단도 이와 같습니다. 일단 스스로 명상하는 사람이 되면 어쩌다 작동하던 '또 다른 나'가 일상 전반에서 작동하기 시작하죠. 일어나는 순간부터 잠자리에 드는 순간까지 일거수일투족을 지켜보며 따라다닙니다. 그렇게 주도적인 선택권을 가지고 방향을 잡아주는 존재가 생기는 것만으로도 변화가 시작되죠.

마치 마음속에 원숭이 한 마리가 활개 치고 살다가 원숭이를 지켜보며 조련하는 거인이 잠에서 깨어난 것과 같습니다. 사실 원숭이가 나쁜 건 아니죠. 그저 잘 모를 뿐입니다. 잘 모르니까 불안해하고, 걱정하고, 욕심부리고, 조바심치며 사는 거죠. 그러다가 스스로 명상하는 사람으로 규정하면 더 지혜롭고, 사랑 가득한 조련사가 깨어나서 활동을 개시합니다.

그래서 명상에 관심이 있는 사람이라면 당장 명상을 시작하고 스스로 '명상하는 사람'으로 살아보는 것을 권합니다. 사람마다 개인차가 있지만 명상하는 사람으로 인식을 전환하는 것만으로도 명상의 효과가 시작되니 도전해 볼 가치가 있죠. 문제는 그 마음을 잊어버리지 않는 겁니다. 그래서 장치가 필요합니다. 자신이 명상하는 사람임을 잊지 않게 해주는 몇 가지 실천이 뒷받침 되어야 하죠.

우선 매일 10분이라도 조용히 눈 감고 앉아 있는 명상을 지속하면 스스로 명상하는 사람임이 확고해집니다. 내용적으로 앉아 있는 동안 심경의 변화나 명상의 질은 조금 다른 문제죠. 하지만 조금씩 앉아 있는 시간을 갖는 것만으로도 명상하는 사람의 정체성을 이어갈 수 있습니다. 명상 방법에 대해서는 조금만 관심을 가져도 정보는 널려있습니다. 책이나 인터넷을 통해 마음 가는 방법을 찾아서 해보면 됩니다. 비교적 보편적이고 일반적인 내용 중심으로 시작하면 됩니다. 너무 특별하거나 고난도의 수행은 주의할 필요가 있죠.

너무 바빠서 앉을 수 있는 시간이 없다면 자투리 시간을 이용해서 명상하는 마음 상태에 머무는 순간을 가져봅니다. 가령 버스나 지하철을 탔을 때 앉거나 서서 마음을 고요히 하고, 모든 인위적인 노력을 멈추고, 원숭이 마음이 쉴 수 있는 시간을 할애하는 거죠. 아무 일도 안 하고 가만히 쉬는 것만으로도 우리의 몸과 마음이 충전되고 흔들리는 마음이 안정됩니다. 언제 어디서나 가능하죠. 직장에서 일을 하다가도 식사 시간 전후에 잠시 짬을 내서 명상적인 마음 상태에 머무는 시간을 가져볼 수 있죠. 이렇게 작은 시도만으로도 삶에 변화가 시작됩니다. 잘 알지도 못하면서 살던 대로 살려는 원숭이 마음을 잠시 쉬고 내려놓는 것만으로도 우리 안에 잠든 거인이 깨어날 여지가 생기니까요.

그것도 쉽지 않다면 일하고 사랑하는 일상에서 마음을 챙겨 명상적으로 살아갈 수도 있습니다. 하던 대로 하는 것이 아니라 원숭이 마음을 뒤로하고 '이것이 최선인가? 다른 방법은 없는가?' 의문하기도 하고, '나는 누구인가?' '어떻게 살아야 할 것인가?' 하는 근원적인 질문으로 자기 성찰의 기회를 갖는 거죠. 그렇게 질문을 품고 사는 일은 우리 안의 '또 다른 나'인 잠든 거인이 깨어날 계기가 됩니다.

이것도 저것도 혼자서 하기 어렵다면 지도자나 함께 할 벗을 구하는 것도 방법입니다. 일상에 매몰되거나 타성에 젖지 않고 깨어있는 마음으로 명상하는 삶을 이어갈 수 있는 좋은 길이죠. 시간을 정하고 정기적으로 명상 지도를 받거나 그룹에 참여하는 것도 실질적으로 명상을 이어갈 수 있는 지속 가능한 방법입니다. 요즘에는 화상통화를 이용한 모임도 많고, 1:1 지도도 많죠. 중요한 것은 본인의 의지입니다. 살아가는 삶 자체를 송두리째 바꿀 수는 없어도 삶 자체를 바라보는 안목과 태도를 바꿀 수는 있죠.

아무튼 명상에 관심이 있으면 다양한 방법으로 당장 시작하는 것이 좋습니다. 시작을 하고 스스로 '명상하는 사람'으로 살면 명상의 긍정적 효과가 바로 나타나죠. 문제는 지속하는 겁니다. 혼자서도 해보고, 주위에 관심 있는 사람들도 찾아보고, 지속적으로 할 수 있는 단체나 선생님도 찾아보면 길이 열립니다. 중요한 것은 실제로 시작하는 일이죠. 당장 시작하는 거. 무슨 일이든 시작하게 되면, 그 시작의 인연으로 새로운 인연을 만나고 길이 열립니다.

04
또 다른 마음이
불러오는 변화 ★

앞서 말했듯이 명상의 효과는 스스로를 '명상하는 사람'으로 규정하면서 바로 발휘되기 시작합니다. 우리 안의 '진정한 나'가 깨어나서 그렇죠. '온전한 마음' '마인드풀니스(mindfulness)' '마음챙김' '깨어있음' '알아차림' '불성' '본성' '신성' '영성' '최고의식' '잠든 거인' 등등 다양한 표현이 사용되지만, 아무튼 우리 내면의 또 다른 마음이 작동한다는 말이죠.

평소에 '나'라고 알고 있던 생각이나 감정이 아닌 또 다른 차원의 의식이 활성화되면서 변하기 시작하는 겁니다. 다양한 각도에서 넓고 깊게 바라봄으로써 객관적이 되는 거죠. 하나밖에 없는 줄 알았던 마음이 분화되면서 '일어나는 마음'과 '알아차리는 마음'이 다르게 작동하는 것이 보입니다. 새로운 변화는 거기에서 비롯하죠.

개인차가 있지만 스스로를 '명상하는 사람'으로 규정하는 순간, 마음을 쓸 때 감시 아닌 감시자의 마음이 따라다니기 시작합니다.

예를 들어 아침부터 남편의 잔소리가 거슬려서 화를 낼 수 있습니다. 하지만 이제는 다릅니다. 마음 안에 또 다른 마음이 말을 걸어오죠. '너, 명상하는 사람이잖아. 친절하게 대하는 게 좋지 않겠어? 도대체 누구를 위해 화를 내려는 거야? 네가 지금 화를 낼 수도 있고 안 낼 수도 있지만 남은 하루를 기분 좋게 보내려면 어떤 게 나을까?'

이런 속삭임이 들리면서 마음이 조금씩 가라앉고 화가 누그러지죠. 누가 보고 있으면 마음을 좀 더 챙기고 쉽게 나쁜 짓도 못 하는 것처럼 말입니다. 이 경우에는 다른 사람이 아니라 스스로 감시 기제를 작동시킨 경우죠.

직장인 K씨. 내일까지 급하게 마무리해야 하는 중요한 PT 업무로 애가 탑니다. 일하기도 바쁜데 걱정이 되니 자꾸 다른 생각을 하게 되죠. 예전에는 온통 그 걱정하는 마음밖에 없어서 스트레스를 받아 집중력을 잃곤 했습니다. 이러지도 못하고 저러지도 못하고 효율이 떨어졌죠. '어떻게 하지? 잘못하면? 마감일까지 못 맞추면 어떡하지?'

하지만 스스로를 명상하는 사람으로 규정한 후 마음 안에 또 다른 마음이 작동하는 것을 발견했습니다. '걱정만 하면 어떡해? 걱정할 시간에 차라리 일을 해. 잘못되면 그때 가서 다른 방법을 찾아보면 되잖아. 누가 알아? 잘못되면 대표님이 도와주실 수도 있고.' 이렇게 또 다른 마음이 작동하면서 훨씬 더 균형감과 안정된 마음으로 일에 집중할 수 있게 된 거죠.

이런 식입니다. '나는 명상하는 사람'이라고 스스로를 규정하는 순간부터 우리 안에 또 다른 마음이 작동하면서 우리가 예측하지 못한 변화들이 생겨나죠. 중요한 것은 자기가 어떻게 마음을 먹느냐에 달렸습니다. 그저 남들이 좋다고 하니까 명상이나 한번 해볼까 하는 마음으로는 그런 변화가 잘 일어나지 않죠. 하지만 명상을 제대로 한번 해봐야겠다고 마음을 단단히 먹는 사람에게는 확실한 변화가 있습니다.

일상이 단조롭고 매너리즘에 빠져있거나, 해결해야 할 어떤 문제가 벅차게 와닿거나, 어떻게든 새로운 변화를 도모해 보고 싶다면 명상을 시작해 보는 것도 좋은 방법이죠. 그냥 대충 시작하는 것이 아니라 마음 단단히 먹고 실제로 앉아서 하는 명상부터 시작을 해보는 겁니다. 스스로를 명상하는 사람으로 규정하며 무슨 일이 일어나는지 보는 거죠.

"나는 명상하는 사람입니다."
평범하던 일상에 터닝 포인트를 마련하고 적극적인 변화를 불러오는 마법 같은 주문입니다.

05
삶의 주인으로
꽃 피는 사람 ★

명상을 잘하는 사람은 어떤 사람일까요?

그 삶을 보면 알 수 있죠. 그 말과 행동이 방만하지 않고 깨어있는 노력이 이어지는 삶 말입니다. 잘하고 못하고는 또 다른 문제죠. 겸허한 마음으로 노력을 쉬지 않는 일은 명상 수행자의 중요한 덕목입니다.

편의상 앉아서 명상을 시작하더라도 결국에는 일이 있을 때나 없을 때, 가만히 있을 때나 돌아다닐 때도 지속이 됩니다. 전인적으로 삶 전반에서 명상이 유지되죠. 하면 안 되는 일은 자제하고, 꼭 해야 하는 일은 처리하고, 하고 싶은 일을 해나갑니다. 비교하거나 눈치 보지 않고 자신에게 맞는 일을 찾아서 해나가는 거죠. 이렇게 우리 마음과 삶에 어떤 일이 일어나는지를 자각하면서 선택적으로 대응하는 삶을 살아갑니다. 자극에 무조건 반응하는 삶이 아니라 정신을 차리고 주도적으로 적절히 대응하는 삶을 사는 거죠.

예를 들어 누가 나에게 기분 나쁜 말을 합니다. 기분 나쁜 말에 즉각적으로 화를 내는 것은 반사적인 행동이죠. 듣는 순간 기분이 조금 나쁘더라도 화를 내는 것이 도움 되지 않는다는 사실을 즉각적으로 알아차리고 대수롭지 않게 대응할 수 있습니다. 그렇게 조건에 반사하는 삶이 아니라 선택적으로 반응하는 것이 명상을 잘하는 사람이 살아가는 방식이죠.

그뿐만이 아닙니다. 마음속에 어떤 생각이 일어날 때도 마찬가지죠. 명상을 하지 않는 사람은 마음에 일어나는 생각과 감정을 자신과 동일시합니다. 생각나는 대로 감정이 움직이는 대로 행동하죠. 생각이나 감정에 즉각적으로 반응하는 겁니다. 좋을 수도 있죠. 때로는 속이 시원하기도 하고 쾌감을 얻기도 합니다. 하지만 나중에 후회를 하거나 자책하는 일이 발생하죠. 고락상반(苦樂相半), 즐거울 때와 괴로울 때가 반반입니다. 이 맛에 많은 사람이 특별한 수행 없이 살아가죠. 반은 괜찮은 날이 있으니까요.

하지만 때때로 성난 파도가 몰아치는 괴로운 나날들 때문에 힘겨워합니다. 그러면서 말하죠. "감정의 기복 없이 살고 싶어요."

그에 반해 명상하는 사람은 어떤 생각이나 감정이 일어나면 즉각적으로 알아차립니다. 깨어있으니까요. 알아차릴 수 있으면 주도권을 잡을 수 있습니다. 생각이나 감정에 휘둘리지 않고 실질적으로 내가 원하는 대응 방법을 선택할 수 있죠. 겉으로 보기에 같은 행위를 하더라도 자신의 선택에 의한 것과 생각이나 감정에 휘둘린 것에는 큰 차이가 있습니다.

수처작주(隨處作主)라고 하죠. 중국 임제선 창시자인 임제 선사는 '가는 곳마다 자기가 주인 되는 삶'을 강조했죠. 자기가 주인 되는 삶이 가치 있는 이유는 거기에 자유가 있어서 그렇습니다. 자신이 선택하고 자기가 책임지는 삶이라야 진정한 자유가 가능하죠. 반대는 구속과 부자유입니다. 마음에 힘이 없으면 평생 구속과 부자유를 면하기 어렵죠. 생각과 감정으로부터 자유롭지 못한 겁니다.

이처럼 방석에 앉을 때 외에도 삶 전반을 정신 차리고 깨어

있는 일이 중요합니다. 고요하고 깨어있는 마음이 지지고 볶는 일상에 그대로 작동하는 거죠. 일이 있을 때는 그 일 그 일에 일심(一心)을 다하는 것이 명상이 되고, 일이 없을 때는 앉아서 명상을 합니다. 정기적으로 매일 조금씩 하는 것이 좋죠. 일이 없을 때 방석 위에서 쌓아둔 고요하고 명료한 마음의 힘이 일상에서 힘차게 발휘되기 때문입니다.

일상에서 청소를 하고, 아이를 돌보고, 업무를 처리하고, 생계를 해결하기 위해 삶이 요구하는 것들을 명상적 심경으로 하는 거죠. 동시에 하던 일을 멈추고 고요히 앉는 명상도 필요합니다. 그렇게 일이 있을 때나 일이 없을 때 스스로를 알아차리면서 해야 할 일을 하고 하지 말아야 할 일을 하지 않아야죠.

그런 측면에서 어떤 방면에서든 일가를 이룬 사람은 명상을 잘하는 사람이라고 할 수 있습니다. 방식은 달라도 명상의 핵심적인 요인인 긴장과 이완, 나와 타자의 관계, 흔들림 없는 마음의 힘에 대해 아는 사람일 테니까요.

그러니 명상을 잘하고 싶다고 해서 자신에게 주어진 의무와 책임을 등한히 해서는 안 됩니다. 어디론가 달아나서 방석에 앉아야만 하는 것도 아니죠. 어떻게든 있는 그대로 존재와 현상에 대한 실상을 꿰뚫어 보는 지혜와 안목, 자기 마음을 자기 마음대로 할 수 있는 마음의 힘, 자기 자신의 진면목에 대한 성찰이 가능한 명상이 되어야 합니다.

결국 삶을 위한 명상이어야 하니까요.

06
네가 있어 다행이야 ★

살아갈수록 내 마음을 알아주는 친구 갖기가 쉽지 않습니다. 연인도 가족도 내 맘을 잘 모르죠. 실제로 전적으로 내 편인 친구, 필요하다 싶을 때 언제든 함께 할 수 있는 친구가 얼마나 될까요? 나이가 들수록 한 손 넘기기도 어렵다고 합니다. 다섯 명도 어렵다는 얘기죠.

명상은 그런 점에서 정말 내가 필요할 때 함께 해줄 최고의 친구입니다. 처음에 사귀기가 쉽지 않아서 그렇지 조금 익숙해 지면 그만한 친구가 없죠. 심지어 후유증도 없습니다. 말이 없으니까요. 어쩌다 감정에 겨워 사람 친구를 만나 속 시원하게

다 쏟아놓고 돌아오는 길에 왠지 찜찜했던 기억이 있을 겁니다.

명상은 그런 일이 없죠. 그냥 무심코 앉아 있으면 내 복잡한 심경을 어루만져 줍니다. 시간이 가면서 자연스럽게 마음이 가라앉고 냉정을 회복하며 자체 정화가 되죠. 그래서 살아갈수록 명상은 꽤 괜찮은 친구라는 생각이 듭니다. 언제든 함께 할 수 있는, 전적으로 나의 편인, 후유증 없는 참 좋은 친구죠.

심지어 명상은 현명합니다. 문제를 염두에 두고 길을 물으면 자연스럽게 영감이 떠오르죠. 인위적으로 '하는 생각'이 아니라, 자연스럽게 '드는 생각'의 형태로 해결책을 줍니다. 개인적으로 명상을 통해서 많은 문제를 해결해 왔습니다. 혼자서 생각을 할 수 있는 데까지 하다가 어느 시점이 되면 모든 생각을 내려놓고 명상에게 길을 물어 영감을 얻었던 거죠. 때로는 앉아서, 때로는 걸으면서, 때로는 자면서 염두에 두면 자연스럽게 해결책이 떠오르기 때문입니다.

지금까지 해오던 익숙한 방식으로 풀어내기 힘든 문제는 더욱 그렇습니다. 원점에서, 모든 가능성을 열어놓고, 상대가 있는 경우라면 입장을 바꿔, 다각도로 명상에게 길을 묻는 거죠. 그렇게 내 중심적인 모든 견해를 내려놓고 온전하게 내맡기면 어느 순간 친구의 얘기가 들립니다. 잠에서 깨어나면서, 길을 걷다가, 밥을 먹다가 직감이나 영감의 형태로 문득문득 해답을 들을 수가 있죠.

또한 이 명상이라는 친구는 나를 더 큰 세계로 안내합니다. 더 깊고 더 '나다운 나'로 나아가게 할 뿐 아니라 결국 이 세상과 하나가 되도록 인도하죠. 이 친구와 같이하는 시간이 늘어나고 이 친구가 보여주는 세상을 경험할수록 관점이 바뀌고 인식이 변화됩니다. 예전에 경험해 보지 않았던 새로운 세상을 경험하게 되죠. 세상을 바꾸지 않고 세상을 대하는 태도만 바꾸더라도 세상은 전혀 다른 세상으로 와닿습니다. 그렇게 명상이라는 친구가 열어주는 세상을 경험하며 오늘도 내일도 성장하고 있죠. 생각할수록 고마운 친구입니다.

미국에서는 뇌과학자를 비롯한 각계각층의 연구와 노력으로 명상의 효과가 다각도로 입증되고 있습니다. 우울증이나 조울증, 외상 후 스트레스 장애, 암 환자의 통증 완화에 효과가 있을 뿐 아니라 긍정적인 마음이 활성화되고 면역력이 향상됨을 밝히고 있죠. 집중력을 비롯한 업무능력 향상, 관계 개선, 중독 해소 등 명상은 다양한 방면에서 현대인을 돕고 있습니다.

의학적 측면뿐 아니라 의미 있는 삶을 위한 영적 성장의 길에서도 명상의 기능과 효용을 간과할 수 없죠. 참 나를 발견하고, 진리를 깨닫는 영적 여정에 명상은 필수적으로 작용합니다. 방법에 차이가 있을 수는 있지만 어떤 형태로든 명상은 인류 보편적인 영적 진화의 길에 함께 해왔죠.

여러 측면에서 명상의 좋은 점은 일일이 열거하기가 어렵습니다. 좋은 것은 나눠 갖고 싶은 게 인지상정이죠. 위에 열거한 명상의 효과 중에 매력적으로 와닿는 점이 있다면 당신도 명상이 필요한 사람입니다. 명상을 너무 어렵게 생각하지 말고 좋은 친구를 사귄다는 마음으로 관심을 가져보길 바랍니다.

우리에게 주어진 삶이 얼마나 지속될지 몰라도 명상이라는 친구 하나만 있어도, 외롭고 두렵고 힘든 시간을 얼마나 든든하게 보낼 수 있는지 모릅니다. 멋진 친구를 갖는데 불가능한 사람은 없죠. 당신도 할 수 있습니다. 어떤 친구인지 궁금하지 않나요?

07 나만의 은밀하고 고요한 ★

때로는 아무도 모르는 곳으로 가서 쉬고 싶을 때가 있습니다. 왈칵 쏟아지는 눈물을 삼켜야 하는 경우도 있죠. 외롭거나 서러울 때 또는 내 마음 알아주는 이 없어 서운하고 속상해서 혼자 있고 싶을 때도 있습니다. 잠이 안 오거나 아플 때도 있죠. 이렇게 돌아누워도 저렇게 자세를 바꿔 봐도 뒤척이기만 할 뿐 잠 못 이루는 밤도 있습니다. 어떨 땐 화가 나죠. 너무 화가 나서 소리라도 지르면 좀 후련할 것 같은데 그럴 수가 없음을 이미 너무도 잘 알고 있습니다.

이럴 땐 어떻게 해야 하나요? 이럴 때 다른 사람들은 어떻게 하고 있을까요?

술에 의지하는 사람이 있습니다. 그저 아무 생각 없이 술을 마시고 그 취기에 의지해서 잠시 잊어버리죠. 아니면 목청껏 노래를 부르거나 음식을 배부르게 먹어버리기도 합니다. 보통 매운 음식이나 인공감미료 가득 든 음식을 먹죠. 영화 보러 가서 펑펑 울어도 보고 친구를 만나 정신없이 수다를 떨어도 봅니다.

이렇게도 저렇게도 할 수 없는 상황이면 그냥 참죠. 꾹꾹 눌러서 내 몸과 마음 깊숙이 밀어 넣어버립니다. 방법이 없으니 어쩔 수 없죠. 많은 사람이 그렇게 합니다. 그렇게 탈출구를 찾지 못한 숱한 감정이나 기분이 우리 안에 차곡차곡 쌓여갑니다. 훗날 몸과 마음에 이상증세가 나타날 때는 이미 늦었죠.

"만나는 사람들에게 친절해라. 그들은 이미 전쟁 중이니까." 영화를 보다가 너무도 가슴에 와닿고 깊이 공감되었던 말입니다. 너 나 할 것 없이 정말 많은 사람이 그들만의 전쟁을 치르고 있죠. 그 뜻대로 되지 않는 돈 때문에, 사랑 때문에, 건강 때문에, 일 때문에. 색깔만 다를 뿐 각자 힘겨운 싸움을 계속하는 중입니다.

그러니 다른 사람에게 기댈 수도 없습니다. 다들 전쟁 중인데 나만 아프다고 외롭다고 화가 난다고 나 좀 봐달라고 할 수는 없는 노릇이죠. 어떻게 해야 할까요?

이럴 때 언제든 달려가서 편히 쉴 수 있고, 기댈 수 있고, 의견을 물어볼 수 있는 친구가 있다면 얼마나 좋을까요? 그것도 아니라면 그저 몸과 마음 편히 쉴 수 있는 곳이라도 있다면 얼마나 좋을까요?

개인적으로 오랜 세월 찾다가 한 곳을 발견했습니다. 결국 내 안에서 찾을 수밖에 없었죠. 명상만 한 것이 없다는 결론에 도달한 겁니다. 아무리 좋은 장소나 친구가 있다고 해도 내 뜻대로 움직일 수는 없죠. 그 친구가 늘 대기하고 있다가 필요하다고 즉각 달려오는 것도 아니고 때로는 '괜히 말했나?' 후회를 남기기도 합니다.

그러니 안전하고 고요한 나만의 은신처를 내 안에서 찾을 수밖에 없죠. 필요할 때 당장 달려갈 수 있어야 하고, 함께 시간을 보내고 나서도 후회가 남지 않아야 합니다. 되도록 다른 사람은 모르는 것이 좋죠. 고요하면서도 은밀하게 내 안의 슬픔과 아픔, 화와 서운함 등을 어루만질 수 있어야 합니다. 그렇게 널리 소문내지 않고 조용히 해소해 나가면 후유증이 남지 않죠.

후유증이 남지 않을 뿐 아니라 스스로 치유되고 새로운 활력과 영감이 솟아납니다. 어쩌다 마음에 슬픔, 아픔, 분노나 서운함이 몰려오면 곧바로 알아차리고 나만의 은신처로 달려가서 편안하게 앉습니다. 누워도 상관없죠. 그렇게 앉거나 누워서 그냥 쉽니다. 끓어오르는 온갖 감정과 생각들을 일단 멈추고 그저 쉬는 거죠. 내쉬는 숨을 길게 내쉬는 것도 도움이 됩니다. 그렇게 깊은 숨을 내쉬면서 몸부터 쉬어주면 마음도 점차 쉬어집니다.

금방이라도 울음보가 터질 것 같은 설움도, 잠 못 이루던 아픔도, 소리 지르고 싶은 화도 서서히 가라앉죠. 그렇게 천천히 감정의 거품이 걷히고 정신이 차려지면 세차게 불어오던 비바람 같은 모든 감정 회오리의 뿌리가 보입니다. 있는 그대로 상황이 제대로 보이면서 탈출구를 발견하죠.

아무 말 않고, 아무것도 하지 않은 채 눕거나 앉아 있는 이 은신처 명상은 고요하지만 위대한 힘이 있습니다. 있는 그대로 우리를 조건 없이 안아주고 영감을 주죠. 치유와 동시에 성장이 가능해집니다. 어떤 도피처나 안식처보다 놀라운 힘이 있죠. 그렇게 스스로 은밀하고 고요하게 자신의 감정을 마주하며 해결해 나가다 보면 흔들리지 않는 마음의 힘이 조금씩 쌓여갑니다.

처음엔 본인이 알고 점차 다른 사람들 눈에도 띄죠.
"뭔가 달라졌어!"

관건은 마음을 열고 그 안식처에서 쉴 수 있는 관계 형성이죠. 사람도 처음 만나면 익숙해지는데 시간이 필요합니다. 명상이라는 나만의 고요하고 은밀한 안식처 역시 익숙해질 수 있는 시간이 필요하죠. 익숙하고 편안해져야 감정의 회오리가 몰아칠 때 잊지 않고 바로 달려가서 편히 쉴 수 있습니다. 자주 찾아가서 만나다 보면 익숙해지고 요령이 생기죠. 그 무엇과도 바꿀 수 없는 나만의 은신처가 되는 겁니다. 멋지지 않나요?

08
틈날 때마다
그냥 앉아서 ★

명상을 시작하는 사람들에 비해서 오래도록 지속하는 사람은 많지 않습니다. 명상하는 맛을 잘 몰라서 그렇습니다. 사람들이 묻습니다. 명상을 잘하는 방법이 뭐냐고. 사실 명상은 잘하려고 할수록 잘 안되는 면이 있습니다. 명상을 잘하려면 즐겨야 하죠. 고요히 앉아 있는 그 순간을 즐길 수 있어야 하고, 그 맛을 알면 누가 권하지 않아도 오래도록 지속할 힘이 생깁니다.

저는 명상하는 것을 좋아합니다. 명상을 해서 무엇이 되겠다거나, 무엇을 해결하기 위해서가 아니고 그냥 고요하게 앉아 있는 것을 좋아합니다. 그래서 수시로 앉죠. 시간적인 여유가 있을 때, 마음이 복잡할 때, 해결해야 할 일이 있을 때, 아플 때, 힘들 때, 잠이 안 올 때, 할 일이 없을 때. 말없이 고요히 앉으면 그냥 좋습니다. 하늘을 나는 새처럼 자유로움을 느끼죠. 잔잔하게 흐르는 물처럼 고요하고, 흐르는 강물에 몸을 맡긴 배처럼 편안합니다.

그래서 명상을 짧게라도 자주 하는 편이죠. 세월이 흐를수록 점점 욕심 없이, 기대 없이 그냥 명상을 합니다. 온전히 지금 이 순간에 머무르며 명상하고, 명상한다는 생각도 없이 그냥 존재하는 상태로 앉아 있죠.

처음부터 그랬을까요? 그렇지 않습니다. 처음에는 온몸과 마음에 긴장이 있었습니다. 잘하려는 마음, 다른 사람과 비교하는 마음, 뭔가 특별한 경지를 경험하려는 열망, 자세를 잘 잡고 호흡을 길게 하려는 마음 등등. 몸과 마음에 기대와 긴장이 가득했었습니다.

참 아이러니한 일이죠. 이론적으로 명상은 내려놓고 비우고 맑아져서 지혜로워져야 하는 것입니다. 하지만 실제로는 명상을 안 할 때보다 더 긴장하고, 욕심, 열망 같은 것이 있었죠. 그럼에도 불구하고 오랜 세월 계속했습니다. 틈날 때마다 그냥 앉아서 마음이 변화되는 모습을 지켜보기만 했었죠.

그렇게 30년 넘는 세월을 해왔습니다. 궁금한 게 많아서 이런저런 교육도 많이 받았죠. 다행스러운 건 현존하는 훌륭한 선생님들께 직접 배울 기회가 많았다는 겁니다. 지인과 친구들의 고마운 인연 덕분이죠. 그럼에도 불구하고 명상을 통한 변화가 무엇인지 확연히 손에 잡히지 않았습니다. 그럴수록 배움을 놓지 않았죠. 스스로도 끊임없이 의문하고 탐구했습니다.

그러더니 언젠가부터 변화가 일어나기 시작했죠. 몸과 마음이 편안해지며 어떤 자신감이 생겼습니다. 걱정과 두려움이 줄어들고 스스로 어떻게 해야 하는지 조금씩 터득이 되기 시작했죠. 마치 깊은 물에서 한가하게 수영하는 것처럼 편안하고 자유로움이 차오르는 것을 느꼈죠. 어떤 열망이나 기대 없이 그냥 존재하고 그냥 행하는 상태에 머무는 시간이 늘어나게 된 겁니다.

자세를 유지하되 심신이 쉽게 이완되었죠. 마음 깊은 곳에는 뭐라고 표현하기 어려운 또렷한 각성이 있고, 때때로 세상과 나의 경계가 무너진 채 그냥 존재하는 시간이 늘어나기 시작했습니다. 수영을 하면서 물과 내가 하나 된 느낌이었죠. 애써 수영하지 않아도 편안하게 떠 있으면서 자유롭게 오고 가듯이 말입니다. 애써 노력하지 않고 즐기는 상태의 명상이 된 거죠. 즐기고 좋아할 때 조금씩 터득이 되는 것이구나 싶었습니다.

점차 명상의 효과가 이런 거구나 하는 느낌이 들기 시작했죠. 몸과 마음이 편안하고 이완되는 것은 물론, 아닌 것들이 가라앉고 떨어져 나감으로써 점점 자유로워졌습니다. 걱정과 두려움이 줄어들고 마음이 편안해졌죠. 혼자 있어도 웃음이 나오는 순간들이 늘어나고 다른 사람을 보는 시선도 변하기 시작했습니다. 사람들이 사랑스럽게 보이기 시작한 거죠.

이러한 모든 변화는 자연스럽게 따라오는 결과입니다. 얻기 위해 애써 구하고 의도적으로 기다린 일이 아니죠. 그래서 명상은 실제로 몸과 마음으로 지속하는 것이 중요합니다. 좋아하면 더할 나위 없죠.

좋아해서 자주 하고, 할 때마다 내 마음에 어떤 풍경이 펼쳐지는지, 어디에 묶여있는지, 무엇을 구하려 하는지 알아차리면서 그 묶이고 집착하고 잡으려 하는 것을 조금씩 내려놓을 때 진정한 명상에 다가갑니다. 그렇게 명상을 좋아하고 편안한 명상이 되도록 해야 하죠.

명상을 했을 때 더 피곤하거나 기운이 위로 오른다면 잘못하고 있는 겁니다. 어떻게든 평화롭고 편안하고 고요하면서 이완된 명상이 되도록 즐기는 게 필요하죠. 의무와 의욕으로만 명상을 하면 오래 지속할 수가 없습니다. 투자한 만큼 뭔가를 얻으려는 마음에 내려놓기보다는 뭔가를 붙잡으려 하기 때문이죠.

잘하려는 의도를 가지면서도 긴장과 구하는 마음을 내려놓는 상태. 쉽지 않죠. 하지만, 자꾸 하다 보면 스스로 감을 잡게 됩니다. 그렇게 될 때까지 신통한 방법은 없죠. 스스로 하는 수밖에 없습니다.

09
이완, 고요,
알아차림이 있다면 ★

명상이라고 하면 흔히들 눈 감고 앉아 있는 장면을 연상합니다. 하지만 명상이 반드시 몸이 앉아야 하는 것은 아니죠. 명상할 때의 마음 상태를 지속할 수 있다면 굳이 앉지 않아도 됩니다. 앉아서 명상할 수 없다면 명상할 때 중요한 마음의 기능 몇 가지를 잘 챙기면 되죠.

그 중 하나가 몸과 마음의 긴장을 내려놓고 이완하는 것입니다. 평소 생활하면서 중요한 일을 처리할 때 몸과 마음에 긴장이 되면 알아차리고 내려놓는 거죠. 무슨 일을 잘하려고 할 때도 마찬가지입니다. 승부를 놓고 다투거나 일분 일각을 다

투는 중요한 결정의 순간에도 몸과 마음에 힘을 빼고 긴장을 내려놓아 보세요.

알아차림도 한 가지 요소입니다. 비록 앉아서 명상하지 못할 때도 자신이 어떻게 살고 있는지 스스로 알아차리는 것이 중요하죠. 그렇지 않으면 습관이나 패턴, 이익이나 편리에 따라 휩쓸려 살게 됩니다. 더욱이 결정적인 판단을 내려야 할 때도 마찬가지죠. 자신이 무슨 생각을 어떻게 하고 있는지 명료하게 알아차리며 생각을 하면 판단의 오류를 줄일 수 있습니다. 알아차림은 어떤 상태에서도 중요한 요소죠. 내가 내 삶의 주인으로 살 수 있게 하는 중요한 마음의 힘입니다. 내가 내 마음을 어떻게 사용하고 있는지, 내가 지금 무엇을 하고 있는지 알아차리지 못하면 내 마음을 내 마음대로 쓸 수 없죠. 내 마음의 움직임을 잘 알아차려야 마음을 내 마음대로 쓸 수 있습니다.

일심(一心) 또한 중요한 요소입니다. 우리의 마음은 한 곳에 집중을 잘 못하죠. 사람을 만나면서도 이 생각 저 생각을 하고, 일을 하면서도 이 생각 저 생각 오가느라 업무에 효율을 떨어뜨립니다. 누군가를 만나서 집중하지 않으면 상대가 기분 좋을 리 없고, 일도 좋은 성과를 내기가 어렵죠. 그러니 무슨 일을 할 때나 일심으로 집중하고 있는지 스스로를 살펴보며 일심으로 살아가는 것도 중요합니다.

고요가 있습니다. 몸이 앉아 있지 않더라도 우리는 고요를 선택할 수 있죠. 특별히 할 일이 없을 때 꼭 하지 않아도 되는 일에 시간을 보내며 무엇인가에 몰두해서 정신 에너지를 쓰지 말고 순간적으로 마음을 텅 비우고 고요의 시간에 안주하는 겁니다. 서 있어도 되고 누워있어도 되죠. 앉아 있어도 됩니다. 특별한 일이 없을 때 한 마음 챙겨서 마음의 고요를 찾는 거죠. 내 마음이 고요하면 문득 세상도 고요해집니다. 이 고요함을 배경으로 알아차림이 점점 명료해지죠.

이렇게 이완, 고요, 일심과 알아차림의 요소만 잊지 않는다면 앉아서 명상하지 못한다 하더라도 명상 상태에 가까운 삶을 유지할 수 있습니다. 어떤 자세로든 상관없죠.

그렇다고 앉아서 명상하는 일이 중요하지 않은 것도 아닙니다. 하던 일을 멈추고 고요히 앉아서 오로지 몸과 호흡과 마음에 관심을 기울여 수련하는 것은 명상의 기본 중에 기본이죠. 심화(深化)를 하는 방법이기도 합니다. 하지만 앉아서 명상할 수 없을 때 명상의 중요한 요소들을 잊지 않고 삶에 적용하는 것도 명상의 중요한 영역입니다.

명상을 오래 한 숙련자의 경우에는 앉아서 명상할 때나 일상생활을 할 때 같은 뇌파가 지속된다고 합니다. 명상을 오래 해서 뇌의 변성이 확고하게 이루어져서 자세나 일이 있고 없음에 상관없는 마음의 힘을 얻어서 그렇습니다. 그렇게 되기 전까지는 앉아서 명상하는 일에 정성을 들일 필요가 있습니다. 보이지 않는 마음을 단련하는 일이 쉬운 일은 아니니까요.

명상에 관심을 가졌다면, 일이 있을 때나 일이 없을 때, 앉아서 또는 삶 속에서 수련을 지속할 수 있습니다. 바빠서 앉아서 명상할 시간이 없다고 실망하지 말고 편안한 마음으로 어떻게든 수행을 이어가면 되죠. 무슨 일이든지 집착하거나 숙제처럼 생각해서는 진전이 어렵습니다. 명상 또한 틈만 나면 놀고 싶은 놀이처럼 생각한다면 때와 장소, 자세 등을 문제 삼을 필요는 없겠죠.

둘. ★

명상의 다양한 얼굴

01
명상이 뭐길래?

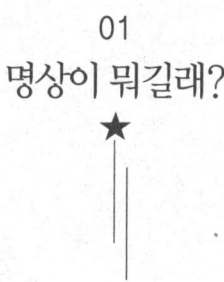

"명상, 그거 아무나 하는 거 아니잖아요. 명상을 하려면 잘 먹고 잘사는 걸 포기해야 하는 거 아니에요?" "저 같은 사람도 명상할 수 있나요?" "명상하면 뭐가 좋아요?"

명상에 관심이 높아지는 것에 비해 아직도 명상을 어렵게 생각하는 사람이 많습니다. 자신과는 다른 세상 이야기로 간주하죠. 명상은 그렇게 어려운 것이 아닙니다. 누구나 할 수 있고 누구에게든 도움이 될 수 있죠. 저는 명상도 어릴 때 배워서 멋진 친구와 동행하듯 인생의 여정을 함께 하면 좋겠다는 생각을 합니다. 자전거를 일찍 배울수록 남은 생을 더 자유롭게 오고 갈 수 있는 것처럼 말이죠.

명상은 제게 더 나은 삶을 찾아 떠나는 여행 같은 것입니다. 행복하게 살고 싶은데 생각보다 행복하게 사는 일이 쉽지 않았죠. 명상은 늘 '어떻게 살아야 하나?' 이 물음과 함께 그 답을 찾아가는 끝나지 않는 여행입니다. 삶의 신비가 그렇게 쉽게 풀리지 않으니까 말이죠.

지금 이 순간에도 앞이 보이지 않는 두려움과 일상에서의 다양한 갈등, 원치 않는 불편과 상처로 고통받는 사람들이 많습니다. 당장 해결해야 할 문제로 시름하는 사람도 많고, 결론이 상반된 선택의 상황에서 무엇을 선택해야 할지 고민하는 사람도 많죠. 갑자기 몸이 아프기도 하고, 예상하지 못했던 문제들이 발생합니다.

누구든 예외는 없죠. 겉모습만으로는 사람들이 속으로 겪고 있는 삶의 무게를 가늠할 수 없습니다. 화려해 보여도 말 못 할 고민을 안고 사는 사람도 많고, 색깔이 다른 여러 가지 사연들이 있죠. 반드시 문제적 상황이 아니어도 우리는 늘 선택의 순간을 마주하고 삽니다. 같은 시간과 에너지라도 어디에 어떻게 써야 행복으로 이어질지 알아내기가 그렇게 쉬운 일은 아니죠.

이러한 다양한 갈등이나 두려움, 해결해야 할 당면과제, 예고 없이 찾아오는 시련과 고통스러운 상황들을 좀 더 수월하게 풀어나갈 수 있는 길이 없을까요?

특별한 문제도 없고 먹고사는 문제가 해결된다고 하더라도 가슴 깊은 곳의 공허함, 그것은 또 어떻게 해결할 수 있을까요? 여러 가지 이유를 대지만 실제로 들여다보면 너나 할 것 없이 겪고 있는 깊은 외로움은 또 어떻게 할까요?

이렇게 다양한 일상의 문제와 고통을 해결하고, 삶의 의미를 발견하며, 영적 허기를 극복하고 행복하게 살아가려면 어떻게 해야 할까요? 한 번에 해결할 시원한 묘방이 있으면 얼마나 좋을까요?

아쉽게도 한 방에 해결할 묘방은 없습니다. 하지만 명상이 하나의 처방이 될 수는 있죠. 명상의 다양한 기능이 우리를 감정이나 욕심, 짧고 제한적인 안목에서 벗어날 수 있게 해주기 때문입니다.

첫째, 명상은 최소한 우리 앞에 일어나고 있는 문제나 고통을 과장하거나 왜곡하지 않도록 도와줍니다. 우리의 들뜨고 흥분된 감정을 가라앉혀서 감정이나 욕심의 거품을 걷어내고 있는 그대로 현상을 직시하게 만들기 때문이죠. 우리 대부분은 세상을 있는 그대로 보지 못합니다. 자기 생각이나 감정에 치우쳐서 부풀리거나 왜곡하죠. 있는 그대로의 문제나 고통보다 부풀려서 경험하고 힘겨워하는 악순환을 되풀이 하고 있습니다. 명상은 그런 왜곡된 경험을 최대한 사실에 근거해서 경험할 수 있도록 이끌어 주죠.

둘째, 명상은 여러 가지 상황에 대응할 수 있는 다양한 해법을 고려할 수 있게 여유를 줍니다. 삶에 무슨 일이 일어나면 우리는 고정관념이나 선입견, 자신의 이익이나 기호, 욕심 등으로 한편에 치우쳐서 다양한 가능성을 고려하지 못하죠. 제한된 안목에서 익숙한 방식으로 선택하기 때문에 잘못된 판단을 하기 쉽습니다. 하지만 명상은 한발 물러설 수 있는 여유를 줌으로써 더 넓고 깊게 눈앞에 펼쳐지는 상황을 분석하고 이해할 수 있도록 하죠. 현재와 미래, 과정과 결과, 우리가 원하는 것과 초래될 실질적 결과, 나와 세상에 미치는 영향 등을 충분히 고려해서 바른 판단을 할 수 있도록 도와줍니다.

실수한 경우를 돌아보면, 좁은 안목에서 성급하게 내린 결론 탓인 경우가 많죠. 평소에 명상으로 단련된 여유 있는 마음은 어떠한 상황에서도 한발 물러서서 최대한 객관적으로 전모를 보며 판단할 수 있도록 돕습니다.

셋째, 명상은 나와 삶에 대한 지혜로운 통찰을 선사합니다. 명상에 관심을 갖게 되면 궁극적으로 내가 어떤 존재인지, 의미 있는 삶은 어떠한 것인지, 세상과 나의 관계는 어떤 것인지, 삶과 죽음은 어떤 관계인지, 인생은 어떻게 전개되는지에 관해 지혜가 생기죠. 깨달음을 얻는다는 것은 이를 두고 하는 말입니다. 삶과 죽음, 의미와 가치의 문제에 안목이 열리는 거죠. 그렇게 삶과 죽음을 포함한 인생 전반에 대한 지혜가 생기면 자유롭고 두려움 없는 삶이 가능해집니다.

쉬운 여정은 아니죠. 하지만 명상이야말로 후유증 없이 우리가 직면하고 있는 많은 문제와 고통, 걱정과 두려움을 근본적으로 해결하도록 돕습니다. 그뿐만이 아니죠. 실질적인 업무 능력 향상을 비롯하여 근원적이고 지속 가능한 방법으로 우리를 더 나은 사람으로 이끌어 줍니다. 상황이나 상대방을 바꾸는 것이 아니라 우리가 살아가는 방식을 바꿈으로써 실질적인 행복으로 가는 여정에 접어들 수 있게 하죠.

결국 명상은 감정이나 욕심, 어리석음으로 부풀리거나 왜곡하지 않고 나와 세상을 있는 그대로 보면서 앞뒤 전후 상황을 객관적으로 고려하여 주도적이고 선택적인 삶을 살게 하는 도구입니다. 우리가 원하는 지속 가능한 행복을 지향하며 살 수 있게 하는 거죠. 마법을 바라는 것이 아니고 현실을 도피하는 것도 아닙니다. 적극적으로 현실을 직시하고 직면하며 나아가겠다는 삶의 방식인 거죠.

그리고 명상은 특정 자세에 속하는 것도 아닙니다. 눈 감고 조용히 앉아 있는 모습은 그저 명상의 한 단면일 뿐이죠. 인생 전반에 걸쳐서 늘 깨어있는 마음과 의문, 성찰을 통해 성장하는 과정입니다.

살아가면서 크고 작은 문제로 어려움을 겪고 있거나, 의미 있는 삶을 살고 싶은 바람이 있거나, 말로 표현할 수는 없지만 충족되지 못한 어떤 영적 허기가 느껴지거나, 진정으로 행복하게 살아보고 싶은 소망이 있다면 명상은 그 출구가 되어줄 수 있죠.

그런 어려움 한두 가지를 갖지 않는 사람은 드뭅니다. 그러다 보니 자연스럽게 명상에 관한 관심이 높아지고 있죠. 명상은 결코 어려운 일이 아닙니다. 조금만 관심을 가지면 누구나 접근이 가능하죠. 하다 보면 그 효과를 직접 경험할 수도 있습니다. 문제는 뛰어들어서 직접 경험하는 일이죠. 어디서부터 시작해 볼까요?

02
'옆으로'가 아닌 '깊이' 걷는 길 ★

'명상이란 무엇인가?'

이 질문은 마치 '사랑이란 무엇인가?'라는 질문과 같습니다. 사랑은 '달콤한 것'을 비롯하여 '눈물의 씨앗'이라는 상반된 답을 듣게도 되죠. 사랑이 사람마다 다르게 기능하는 까닭입니다. 사랑을 시작할 때는 기쁨과 설렘, 행복의 순간들이 많지만 오래 익어가면서 답답하고, 아프고, 서운한 다양한 감정을 경험하게 되죠. 사랑에 대한 의무와 책임이 따라오니까요.

명상도 마찬가지죠. 명상 좀 한다는 주위 사람들에게 물어

보세요. 천인천색의 답을 듣게 될 것입니다. 한마디로 딱 잘라 정의하기가 어렵죠. 마치 수영, 달리기, 체조, 레슬링 등을 한마디로 운동이라고 하듯 명상 또한 포괄적 개념입니다. 우리가 명상을 언급할 때 그 세부적인 내용에 차이가 있죠. 최종적인 목적이나 결과는 비슷하더라도 경로가 조금씩 다른 겁니다. 등산할 때 정상에 올라가는 길이 여러 가지일 수 있듯이 명상 또한 그 구체적인 방법과 기능은 다양하죠.

명상을 검색해 보면 그 사실을 쉽게 알 수 있습니다. '고요히 눈 감고 어떤 생각도 하지 않는 것', '몸, 마음, 정신 모두 쉬는 것' '눈을 감고 차분한 마음으로 깊이 생각함' '지금 이 순간에 깨어있는 일' '무엇인가에 마음을 집중하는 일' 등. 나름대로 경험 있는 분들이 단정적으로 말하고 있지만 그것이 명상의 전모를 설명한다고 보기는 어렵죠. 심지어 '눈을 감고 어떤 생각도 하지 않는 것'과 '깊이 생각한다는 것'은 배치되는 설명이니 말입니다.

명상을 시작하기 전에 명상의 다양한 얼굴이 있음을 이해하는 일은 중요합니다. 어떤 명상은 훌륭하고 어떤 명상은 수준 낮거나 그런 것은 아니라는 거죠. 오랫동안 깊이 하면 궁극적으로 같은 경지에 이를 수 있습니다. 들어가는 입구가 다양하니까 자신의 상황에 따라, 자신에게 맞는 방법으로 접근하면 오래 지속하기가 쉽죠.

인연이 닿는 대로 다양한 명상 방법을 익힐 수도 있습니다. 세계적인 명상 지도자인 밍규르 린포체도 다양한 명상을 가르치죠. 대상 없는 사마타 명상, 소리 명상, 통증 명상, 무료함 명상 등. 다양한 대상을 도구 삼아 알아차림을 계발하는 겁니다. 심지어 수면 명상도 있죠. 전 세계적으로 다양한 명상이 존재합니다.

집중 명상, 통찰 명상, 마음챙김(MBSR), 사마타, 위빠싸나, 간화선을 비롯하여 춤 명상, 걷기 명상, 다이나믹 명상, 마하무드라, 본성 명상, 단전주 명상 등 정말 다양하죠. 궁극적인 목적과 기능은 같지만 그 방법적인 면에서는 각기 다른 장점이 있습니다.

그러니 명상을 너무 특정한 방법이나 개념에 한정 짓지 말고, 명상에 다양한 얼굴이 있음을 이해하고 열린 마음으로 명상에 접근하는 것이 좋죠. 명상도 맞춤복처럼 자기에게 더 잘 맞는 길이 있습니다. 처음에는 잘 모르니까 다양하게 탐색을 해보고 어느 정도 자신에게 맞는 길이 보이면 깊게 꾸준히 실천하는 것이 중요하죠. 제대로 된 명상이라면 깊이 들어가면 모두 통하니까 마음 놓고 깊이 있게 수행해 보는 것을 권합니다. 너무 자주 방법을 바꾸면서 쇼핑하듯 여기저기 탐색하는 것은 바람직하지 않죠. 더 좋은 것을 찾는 기웃거림도 욕심이고, '이것저것 해봤네.' 하는 것도 아만(我慢)이니까요. 한 가지 방법으로라도 꾸준히, 깊이, 자주 하고 하다 보면 열리는 그런 길이죠. 명상은 정말 '옆으로 걷는 길'이 아니라 '깊이 걷는 길'입니다.

03
애씀을 멈추고
쉬고 쉬는 ★

명상은 '인위적인 노력을 멈추고 쉬고 쉬는' 겁니다. 쉴 휴(休) 쉴 헐(歇). 아무 생각 없이 쉬고 또 쉬는 일이죠. 가만히 멈추어 몸만 쉬는 것이 아니라 마음도 함께 쉬는 겁니다. 쉬면 자연스럽게 드러나죠. 흙탕물이 든 컵을 가만히 두면 자연스럽게 흙이 가라앉으며 투명해집니다. 우리의 마음도 쉬고 쉬면 본래 마음이 있는 그대로 드러나죠.

"본래 마음이라니? 우리 마음이 몇 가지가 있다는 말이야?"

그렇습니다. 우리 마음은 다면적이죠. 표면의 마음과 심층의 마음이 있습니다. 표면의 마음이란 하늘로 치면 천둥 번개가 치고 비, 구름, 바람이 쉴 새 없이 움직이는 마음이죠. 보통 우리 몸과 깊은 관련이 있습니다. 우리 몸을 '나'라고 생각하는 데서 비롯되는 마음이죠. 그래서 내 몸과 관련된 생각이나 감정에 민감하게 반응합니다.

귀에 들리는 칭찬하는 소리, 입에 와닿은 맛있는 맛, 피부에 맞닿는 기분 좋은 촉감, 눈에 보이는 예쁘고 잘생긴 것. 이 모든 것을 따라 표면의 마음이 출렁이죠. 나에게 이로운 것과 해로운 것에도 마음이 쉽게 움직입니다. 내 몸과 관련된 가족이나 소유물에는 더욱 강한 애착을 보이죠. 이 표면의 마음은 바다의 수면 위로 솟아 있는 섬과 같은 마음입니다. 수면 위의 섬들이 서로 떨어져서 외로워 보이는 마음이죠.

반면 심층의 마음이 있습니다. 표면의 마음 깊숙이 또 다른 마음이 있죠. 아무리 비 오고 천둥 치고 바람 불어도 흔들리지 않는, 바탕이 되는 텅 빈 하늘과 같은 마음입니다. 배경이 되는 하늘은 텅 비어 있어서 어떤 비바람에도 영향받지 않죠. 표면에서 일어나는 희로애락 너머에 있는 마음입니다. 그래서 심층의 마음이라고 하죠.

이 심층의 마음은 형체가 없어서 육체나 물질 속에 갇혀있지 않습니다. 마음을 찾아보면 쉽게 알 수 있죠. 마음이 어디 있는지 찾아볼까요? 머리나 가슴, 몸 일부에 있는 것이 아니죠. 마음은 신체 특정 부위에 속해 있지 않습니다. 우리 몸 전체에도 있지만 우리 몸 밖에도 있죠. 형체가 없어서 어느 특정한 곳에 갇혀있지 않기 때문입니다.

이렇게 마음이 여러 차원이라서 멈추어 고요히 생각을 쉬면 우리가 경험해 보지 못했던 차원의 다른 세계가 열리죠. 우리의 눈과 입과 귀와 표층의 마음이 겪어보지 않았던 고요와 순수와 무한한 사랑과 신비가 가득한 세상이 열리는 겁니다. 그때 우리는 우리의 진정한 자아, 세상의 모든 존재와 현상이 전개되고 관계하는 새로운 면목을 경험하게 되죠.

어떤 세계가 열릴까요? '쉬고 쉬면 쇠로 된 나무에 꽃이 핀다' 하였습니다. 자세한 것은 각자의 경험 영역으로 남겨두더라도 분명한 것은 지금까지 알고 있던 세계와는 많이 다른 세계를 경험한다는 사실입니다. 이렇게 멈추고 고요히 생각을 쉬는 명상은 앉든, 서든, 눕든 상관이 없죠. 중요한 것은 마음의 상태이니까요. 어떤 자세로도 멈추어 고요히 생각을 쉴 수 있다면 명상이 됩니다.

하지만 오래 서 있기가 쉽지 않고, 누워있으면 쉽게 잠들기 때문에 앉아서 명상하는 것이 가장 효율적이라고 볼 수 있습니다. 그래서 명상이라고 하면 보통 하던 일을 멈추고 고요히 앉아야 한다고 생각하죠.

어떤 형태로든 생각을 쉬고 마음이 고요해지면 다양한 이점이 있습니다. 무질서하던 생각이 자리를 잡으며 생각이 정리되기도 하고, 궁금했던 의문이 풀리기도 하고, 생각하지도 못했던 새로운 아이디어가 솟아나기도 하죠. 오랫동안 해결하지 못했던 일을 해결할 묘안이 떠오르기도 합니다. 단지 쉬는 것만으로도 놀라운 효과들이 많죠. 현대인들이 명상에 관심을 갖는 명상의 중요한 기능 중 하나입니다.

04 고요함이 주는 선물

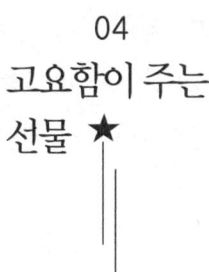

명상은 '흔들리는 마음을 하나의 대상에 집중하여 고요하게 하는' 겁니다. 흔들리는 카메라로 피사체를 정확하게 포착할 수 없듯이 흔들리는 마음으로는 세상을 있는 그대로 볼 수 없죠. 있는 그대로를 보지 못하는 데서 비롯되는 모든 집착과 욕심이 우리에게 고통을 불러옵니다. 명상은 이처럼 흔들리는 마음을 하나의 대상에 집중하여 고요를 축적하는 것입니다. 이러한 고요의 축적은 나와 세상을 있는 그대로 볼 수 있게 하는 명료함의 기반이죠. 명료함은 고요를 먹고 자랍니다. 그러므로 고요의 축적은 명상의 중요한 역할입니다.

오만가지 생각을 한다는 말이 있죠. 사람은 하루에도 얼마나 많은 생각을 하고 사는지 모릅니다. 불필요한 고통의 원인이 되기도 하죠. 과거에 일어났던 일에 대한 후회나 미래에 대한 걱정이 많은 부분을 차지합니다.

서양에서는 미친 원숭이(crazy monkey)라는 표현을 많이 씁니다. 머릿속 미친 원숭이 한 마리가 수많은 생각을 일으켜 정신을 어지럽히며 산다는 말입니다. 특별한 이유도 없죠. 그저 일어났던 일, 일어날 수 있는 일, 후회, 변명, 걱정을 하면서 생각을 쉬지 못하게 하는 겁니다. 그러니 마음이 늘 산만하죠. 희로애락에 흔들리는 겁니다.

명상의 시작 단계에서는 원숭이처럼 흔들리는 마음에게 일거리를 주어서 오롯이 집중하게 합니다. 호흡에 집중할 수도 있고, 단전에 집중할 수도 있죠. 만트라에 집중할 수도 있고, 염불에 집중할 수도 있습니다. 숫자를 셀 수도 있고, 어떤 이미지를 자세하게 떠올리는 관상을 할 수도 있죠. 몸의 감각에 집중할 수도 있고, 오감을 열어 우리를 둘러싼 모든 변화를 감지하는데 집중할 수도 있습니다.

이 모든 방법이 집중하는 대상은 다르지만 모두 일심을 모으기 위함입니다. 어딘가에 일심으로 집중하다 보면 마음이 고요해집니다. 마음이 고요해지면 비로소 지금 이 순간에 존재하고 변화하는 것들을 미세하고 정확하게 알아차릴 수 있는 마음의 힘이 커지죠.

이러한 '고요의 축적'은 우리 삶에 많은 변화를 불러옵니다. 고요한 마음에 안정과 평화가 깃들죠. 피로감이 줄어들고 숙면을 쉽게 취할 수 있습니다. 불필요한 에너지 소비가 현격히 줄어들기 때문이죠. 우리는 알게 모르게 우리의 산란한 마음으로 인해 많은 에너지를 뺏기고 삽니다. 마음이 산란하면 쉽게 피곤해지고 하는 일에 효율이 떨어지죠.

실제로 쉽게 피곤을 느끼고 숙면을 취하기 힘들었던 많은 분들이 명상을 시작한 후 피로감이 훨씬 덜하고 잠이 잘 온다고 합니다. 고요가 주는 선물 중 하나죠. 고요가 주는 혜택은 그 밖에도 많이 있습니다. 마음이 고요하면 일상에서 부딪히는 크고 작은 문제에 덜 예민해지죠. 주변 상황에 쉽게 흔들리지 않는 안정감이 생긴 덕분입니다. 아무튼 명상은 우리의 흔들리고 번거한 마음을 하나의 대상에 집중함으로써 마음을 고요하게 하는 마음 단련의 한 방법입니다.

05
비, 구름, 바람 너머
텅 빈 하늘처럼 ★

명상은 밖으로 향하던 '시선을 내면으로 돌려 깊이 성찰하는 것'입니다.

앞서 언급한 '아무 생각 없이 생각을 쉬는 일'이라는 설명과 배치되는 것 같지만 이 또한 사실이죠. 몸도 이완하고 마음도 쉬지만 쉬지 않는 '또 하나의 마음'이 깨어나면서 그 마음으로 깊이 살펴보는 거죠. 머리로 생각하는 것이 아니라 의문을 염두에 두고 깊이 바라보는 겁니다.

여기서 '또 하나의 마음'은 다른 말로 영성, 본성, 불성, 신성, 최고 의식 등으로 표현할 수 있습니다. 표면의 마음 너머에 있는 심층의 마음이죠. 분명히 몸도 쉬고 마음도 쉬는데 또 다른 차원의 심층 마음이 깨어나서 깊이 성찰하는 겁니다. 평소에 염두에 두었던 질문들, 그러니까 '나는 누구인가? 삶의 진실은 무엇인가? 어떻게 살 것인가?'를 깊이 들여다보며 나와 세상의 실상을 이해해 가는 거죠. 명상은 이렇게 나와 인생의 근원적인 질문에 답을 찾아가는 과정입니다. 철저하게 기존의 내가 알던 방식, 익숙한 나를 내려놓는 과정이 되죠.

그 과정에서 '에고' 또는 '작은 나'라고 하는 편협한 안목이 해체되면서 비이원적이고 총섭적인 앎이 활성화됩니다. 말하자면 이런 거죠. 명상을 처음 시작하면 바라보는 내가 있고 보이는 대상, 느껴지는 대상, 들리는 대상 등이 있죠. 그러다가 점점 고요함이 깊어지고 모든 것을 차별 없이 평등하게 깊이 들여다보는 알아차림이 명료해지면 나와 대상의 경계가 무너지면서 다만 '아는 상태'를 경험하게 됩니다.

비, 구름, 바람이 오고 가는 요란한 하늘만 보다가 더 깊은 하늘을 인식하게 되는 거죠. 비, 구름, 바람 너머에 텅 비고 고요하고 흔적 없는 하늘을 경험하는 겁니다.

처음에는 다양한 생각이나 감정, 감각 자체를 경험하다가 더 깊이 들여다보면서 생각, 감정, 감각 너머에 존재하는 다른 차원의 앎의 영역으로 넘어가는 거죠. 이러한 알아차림은 충분한 쉼을 통한 이완과 고요를 바탕으로 더 명료해집니다. 이렇게 명료해진 알아차림이 깊어지면 존재와 현상을 꿰뚫어 보는 통찰 또는 지혜가 자연스럽게 생겨나죠.

그렇게 생겨난 통찰력으로 '나는 누구인가? 세상은 어떻게 돌아가는가? 어떻게 살 것인가?' 하는 인생의 궁극적인 문제에 해답을 찾아가는 겁니다. 이와 같은 통찰의 힘 또는 지혜를 동반한 깊은 성찰은 나와 세상, 존재와 현상에 대한 깨달음과 직결됩니다. 과거 모든 성인이 명상을 통해 깨달음을 이룬 것은 이러한 내면으로의 성찰과 깊은 관련이 있습니다.

명상이 대중화되면서, 특히 서양에서 치료와 건강 차원에서 명상을 보급하면서 이 깨달음의 영역은 간과된 점이 적지 않죠. 하지만 동양의 오랜 선 명상 전통에서 볼 때 이 내적 성찰을 통한 깨달음은 명상의 주된 기능 중 하나임에 틀림없습니다. 이 깨달음이야말로 지지고 볶는 일상에서 고군분투하고 있는 현대인을 지속 가능한 자유로 인도할 실질적 대안이기도 하죠.

06 스스로 경험하는 자유로운 삶의 길 ★

명상은 직접 김치 맛을 보는 것과 같습니다. 내가 경험해서 스스로 알아가는 일이죠. '나는 누구인가? 어떻게 살 것인가?' 하는 궁극적이고 실질적인 문제 해결과 직결되어 있습니다. 그 문제를 해결하려면 나와 세상에 대해 스스로 묻고 답하는 경험을 통해 알아가는 일이 중요하죠. 하지만 우리는 검증되지 않은 많은 당위와 지침들 속에 살아왔습니다.

말하자면 나는 누구인지, 어떻게 살아야 하는지에 대한 해답을 '김치란 이런 맛이야'라는 타인의 설명에 의지해 살아왔다는 거죠. 남들이 아무리 설명을 잘 해줘도 스스로 경험하지 않고서는 김치 맛을 알 수가 없습니다. 그러니 누군가 '너는 누구

다, 어떻게 살아야 한다.'라고 말해주더라도 결코 그것이 '나'
이거나 '나의 길'이 될 수는 없죠.

그러니 우리는 스스로 묻고 답해야 합니다. 나는 누구인지,
어떻게 살아야 하는지. 그래야 자신 있게 우리에게 맞는 길을
걸어갈 수 있죠. 우리에게 맞는 길을 걸을 때 비로소 진정한 행
복에 다가갈 수 있습니다. 많은 사람이 진정으로 행복하지 않
은 이유가 여기에 있죠. 내가 누구인지를 모르고, 어떻게 살아
야 할지를 모르기 때문입니다.

아무리 어려워도 이 문제만큼은 다른 사람이 해결해 줄 수
없습니다. 그러니 명상을 통해 생각을 쉬고, 마음을 고요히 하
고, 깊이 들여다보면서 스스로 답을 찾아야 하죠. 내가 누구인
지, 어떻게 살아야 하는지 김치 맛을 직접 보듯이 스스로 경험
해야 합니다.

김치 맛을 직접 보면 알 수 있습니다. 짠지, 싱거운지, 매운
지. 맛을 알면 스스로 조절할 수 있죠. 소금을 더 넣을 수도 있
고, 매실 효소를 더 넣을 수도 있습니다. 이처럼 명상은 가정이
나 학교, 사회나 국가 세계로부터 주입된 모든 가치와 생활 방
식을 본인이 직접 경험을 통해 재정립하고 스스로의 가치에 의
해 살아가도록 이끌어 줍니다. 그야말로 자유를 향한 여정이죠.

우리가 태어나서 지금까지 알고 있다고 생각하던 것들이 제대로 알고 있지 못한 것들이 많습니다. 그러니 자신 있게 살지 못하고 강물에 휩쓸려가듯 다들 한 방향을 향해 떠내려가고 있죠. 자신에게 맞는 행복의 길이 어떤 길인지 생각해 볼 여유도 없이 진학하고, 취직하고, 결혼하고, 아이를 갖습니다. 스스로의 통찰이나 지혜가 약하니 늘 주위를 살피고 눈치를 보죠. 부자유하고 불안한 삶입니다.

명상은 직접 김치 맛을 보듯이 나와 세상에 대해 직접 경험하게 함으로써 나는 누구이며, 어떻게 살아야 하는지에 대한 명확한 해답을 줍니다. 스스로 확신이 서면 흔들림 없는 삶을 살 수 있습니다. 자신에게 맞는 길을 찾아 소신껏 살 수 있는 거죠.

나는 누구이며, 어떻게 살아야 하는가는 쉬운 일이 아닙니다. 정체를 알 수 없는 것일수록 직접 경험해 나가는 수밖에 없죠. 아무리 설명을 들어도 김치를 직접 먹어보지 않고는 그 맛을 실감 나게 이해할 수는 없습니다.

그래서 명상의 의미나 정체에 관해서는 개인 경험의 영역으로 남겨두는 것도 좋은 생각이죠. 머리로 이해하려 하기보다는 열린 마음으로 몸소 경험하고 이해해 나가는 것이 필요합니다. 뭐니 뭐니 해도 진정한 이해는 스스로의 경험을 통해 완성되죠. 이 글을 읽는 분들이 명상을 통해 자신과 인생에 대한 자신만의 김치 맛을 볼 수 있길 바랍니다.

07
내 안의 '또 다른 나'를 만나는 여행 ★

명상은 '작은 나를 놓고 큰 나에 합일하는' 겁니다. 보통 사람들은 지금까지 알고 있는 '내가 나'인 줄 알죠. 각기 다른 육체를 가진 개별적 존재, 너와 내가 철저하게 분리된 존재로서 '작은 나'를 생각합니다. 그런데 삶에 대한 통찰이 뛰어난 선각자들은 참된 나는 신체적으로 구별되는 개별적인 나에 한정된 것이 아니라고 하죠. 전체의 부분으로서 모두 하나로 연결된 존재라고 합니다. '큰 나' 또한 나라는 거죠. 명상은 그 개별적인 '작은 나'를 내려놓고 서로 연결된 전체로서의 '큰 나'를 경험하고 합일하는 겁니다.

예를 들면 우리 개개인은 포말이자 바다입니다. 넓고 깊은 바다에 비해 바람 따라 일어났다 사라지는 포말은 아주 위태

하고 미미한 존재죠. 하지만 그 본성은 포말이나 바다나 똑같은 물이라는 사실입니다. 그 물을 나라고 인식하는 포말과 그 물과 분리된 존재로 생각하는 포말에는 차이가 있죠. 마찬가지로 우리도 큰 나를 잊지 않고 작은 나로 살면 배경이 있는 것처럼 든든하게 살 수 있습니다.

동서고금을 막론하고 사람들은 학연, 지연 등 인맥을 소중하게 생각합니다. 명상에서 이야기하는 것처럼 개별적인 '작은 나'에 제한되지 않고 하나의 '큰 나'로서 연결된 존재로 살아간다면 어떤 인맥보다 든든한 맥이 닿죠.

흙을 예로 들어보면, 흙이라는 본성은 같지만 흙은 다양한 형태로 다양한 기능을 소화해 냅니다. 흙으로 구운 도자기 꽃병도 있고, 커피잔도 있고, 접시도 있죠. 각각의 형태에 따라 편리를 제공하며 멋을 품는 것처럼 우리도 마찬가지죠.

큰 나로서의 본성은 하나이지만 각기 개별적인 개성을 가진 작은 나로서 존재합니다. 그 작은 나가 없다면 우리는 서로에게 사랑과 은혜를 줄 수 없죠. 숟가락은 숟가락으로 기능하고 꽃병은 꽃병으로 기능할 때 삶이 풍족해질 수 있듯이, 이 세상 모든 개성을 가진 개개인이 있기에 서로 다른 역할로 서로에게 도움을 줄 수가 있습니다. 하지만 개성을 가진 존재가 단독자로서 자기만 생각한다면 함께 잘 사는 세상을 가꿔갈 수 없습니다.

우리는 모두 숨을 쉬고 그 숨은 서로에게 공유됩니다. 나에게서 나와서 다른 동물, 식물에게 가죠. 크게 보면 우리는 서로 연결된 하나의 존재입니다. 서로 없어서는 살 수 없는, 상호 도움을 주면서 서로의 생존이 가능하도록 돕죠. 큰 생명으로서 순환하는 존재이기도 합니다. 우리가 야채를 먹고 죽어서 다시 야채의 거름이 되듯 세상의 모든 것이 나고 죽고 변화하면서 하나의 큰 유기체로 존재합니다. 단독으로 멈춰 있는 존재가 아니라 전체로 하나로 흐르는 존재인 거죠.

이렇게 연결된 존재로서 '큰 나'와 하나 되는 경험은 세상에 대한 안목을 바꿉니다. 공생을 생각하는 거죠. 이 '큰 나'와의 연결은 평소 생각이나 이해로는 닿을 수 없는 창의력, 총섭적 안목, 잠재력, 직관 등이 솟아나는 원천이 됩니다. 균형감각도 생기죠. 아울러 세상 모든 것과 공존하는 자비심이 일어날 수밖에 없는 경험의 과정이기도 합니다.

08
마음 근육을
탄탄하고 대범하게 ★

 명상은 몸의 근육을 단련하듯이 마음의 근육을 단련하는 것입니다. 몸의 근육도 계속 단련하면 힘이 생기고 기초 대사량이 높아지면서 건강한 몸이 되죠. 힘을 쓰더라도 회복탄력성이 높아져서 쉽게 피로를 풀고 가뿐한 컨디션으로 돌아올 수가 있습니다.
 마찬가지로 명상은 마음의 근육을 단련해서 마음이 일상생활 속에서 마주하는 수많은 스트레스와 화, 상처에 직면해서 회복할 수 있는 힘을 길러주죠.

 마음 근육을 단련하는 그 첫 번째 방법은 내면을 향한 관심입니다. 무엇보다 밖으로 향하던 시선을 우리 마음으로 돌려서 관심을 가져야 하죠. 우리는 감정이나 생각의 형태로 우리 안에서 일어나는 다양한 색깔의 마음을 경험하면서도 정작 근원적인 마음에는 진지한 관심을 갖지 않습니다. 그저 마음이 괴로우면 괴로운 대로, 아프면 아픈 대로, 질투심이 일어나면 질투를 하면서 문제의 원인을 타인이나 외부 상황에서 찾으려고 하죠. 정작 우리 자신의 마음에는 관심을 기울이지 못한다는 말입니다. 밖으로 향하는 우리의 관심을 내면으로 돌려 우리 마음이 어떻게 작동하는 지를 자세히 들여다볼 필요가 있죠.

두 번째는 우리 마음을 우리 마음대로 사용할 수 있는 힘을 기르는 것입니다. 우리는 우리 마음이지만 우리 마음대로 쓰지 못하죠. 감정이나 생각에 끌려다니는 겁니다. 그러다 보니, 우리 자신을 위하는 것 같지만 결과적으로는 스스로를 괴롭히는 일을 하죠. 예를 들어 화가 나면, 정신을 차려서, 내가 왜 화가 나는지, 화를 내면 어떠한 결과가 초래되는지, 화를 꼭 내야 하는지 등에 스스로 알아차리고 선택적으로 감정을 조절할 수 있어야 합니다. 하지만 마음에 힘이 없으면 그저 감정의 동요에 좌우되어 화를 내버리고 말죠.

마찬가지로 마음이 들떠서 흥분할 때도 마찬가지입니다. 뭔가 좋은 일이 있으면 이성을 잃고 가볍게 행동하다가 돌아서서 후회할 행동을 하곤 하죠. 마음에 힘이 없으면 마음을 내 마음대로 쓰지 못하고 기분이나 감정의 지배를 받아버립니다. 마음을 근육처럼 단련해서 힘을 기르면 내가 선택적으로 그 마음을 쓸 수가 있죠. 물론 쉽지는 않지만 말입니다.

세 번째는 잊지 않고 챙기는 일입니다. 몸 근육도 단련을 하려면 힘들지만 계속 단련하면서 당기고 뻐근한 과정을 거쳐야 하죠. 마음 근육도 마찬가지입니다. 힘이 드니까 쉽게 잊어버리고 포기하고 싶은 마음이 나죠. 그럼에도 불구하고 자꾸 챙기는 수밖에 없습니다. 명상을 시작하는 사람은 많지만 중간에 그만두는 사람이 많은 것은 바로 이 챙겨서 실행하는 일에 실패하기 때문이죠.

몸에 근육이 붙으면서 몸매가 좋아지고 체력이 좋아지면 운동의 매력에 빠집니다. 명상도 처음에는 나아지지 않는 것 같지만 잊지 않고 자꾸 하다 보면 마음의 힘이 생기는 것을 느낄 수 있죠. 마음이 점차 고요해지고, 대범해지고, 집중력이 생기고, 유연해집니다. 그렇게 마음 쓰임이가 변하는 것을 느끼면 명상의 매력에 빠져들지 않을 수 없죠.

살면서 뜻하지 않은 힘든 일이 닥쳐도 튼튼해진 마음으로 그것을 직시하고 직면하는 힘이 커집니다. 물론 해결도 잘하게 되죠.

달라이라마께서는 이 비유를 자주 쓰셨습니다. "한 평도 안 되는 조그만 방 한가운데 컵을 놔두면 자꾸 신경이 쓰입니다. 하지만 아주 넓은 방에 컵 하나 정도는 문제 되지 않죠. 관심조차 받지 못합니다. 마찬가지로 삶에서 일어나는 크고 작은 일들도 우리 마음의 크기에 따라 성가시기도 하고 대수롭지 않게 지나치기도 하죠. 중요한 것은 마음의 힘에 비례하는 마음의 크기입니다."

명상은 이렇게 마음에 관심을 가지고 마음을 알아서, 그 힘을 키우며 유연하고 대범하게 단련하는 과정입니다. 건강한 몸이 쉽게 지치지 않듯이, 마음의 근육이 탄탄해지면 삶 속에서 부딪히는 어떠한 파도나 폭풍우라도 능히 견뎌낼 힘이 생기죠. 명상을 하는 이유입니다.

09
내면으로부터의
고요한 혁명 ★

명상은 안으로부터의 고요한 혁명과 같습니다. 내게 익숙한 것을 놓고, 나만 위하려는 마음을 놓고, 있는 그대로 나와 세상을 직시해서 모든 생명, 모든 존재와 함께 잘사는 삶을 지향하기 때문이죠. 평소에 살던 마음과는 조금 다릅니다. 그렇다고 걱정할 필요는 없습니다.

함께 잘사는 삶을 지향한다고 해서 내 것을 뺏기거나 가진 것이 줄어들지 않으니까요. 어둠을 밝히는 촛불의 불꽃과 같죠. 내 빛을 함께 나눠 갖는다고 해서 그 빛이 줄어들거나 없어지지 않습니다. 오히려 혼자만의 빛으로 비추는 세상보다 더 밝은 세상을 더 자유롭게 살 수 있죠.

하지만 변화란 쉬운 일이 아닙니다. 지금까지 편안하고 익숙한 방식대로 살고 싶은 욕구가 관성의 법칙으로 작용하기 때문입니다. 변화에는 늘 엄청난 저항이 따릅니다. 그 저항에서 비롯되는 달콤한 유혹들이 만만치 않죠.

남들이 좋다고 하는 명상의 효과를 경험하고 싶지만 살던 그대로 살고 싶은 욕구도 너무 매력적입니다. 떨치기가 힘들죠. 명상에 관심을 보였다가 중도에 그만두는 분들 대부분이 이 관문을 통과하지 못해서입니다. 누구든 명상에 처음 입문하면 열심히 하죠. 마법 같은 특별한 변화를 기대하면서 말입니다. 기대했던, 눈에 띄는 변화를 맛보지 못하면 조금씩 시들해지다가 갈등합니다. '계속 해야 하나 말아야 하나?' 명상이 좋은 것 같기도 하고, 뭔가 있을 것 같긴 한데 살던 대로의 방식 또한 내려놓기 싫은 거죠.

그래서 '발심(發心)'이 필요합니다. 어떻게든 잘해보겠다는 마음을 단단히 일으키는 거죠. 무슨 일이든 마찬가지지만 명상은 특히 조금 다른 길이라서 이러한 단호한 결단이 없으면 오래 지속하기 어렵습니다. 삶의 변화 또한 쉽지 않죠. 실제로 많은 사람이 중도에 그만둡니다. 그럼에도 불구하고 굳건한 마음을 일으키고 명상을 지속하면 어떤 변화가 확실히 일어납니다.

명상을 지속하지 않아도 되는 이유는 수도 없이 많죠. 그 많은 명분과 유혹을 물리치고 더 지혜롭게 성장하는 일은 과연 혁명적이라 할 수 있습니다. 그만큼 인식의 변화를 비롯하여 삶의 방식에 큰 변화를 일으키죠.

너도나도 변화를 기대합니다. 자신은 가만히 있으면서 세상이 바뀌기를 바라죠. 그러니 실제적인 변화는 멀고도 험합니다. 관점을 바꿀 필요가 있죠. 세상을 바꿀 수는 없어도 내 마음을 바꿀 수는 있으니까요. 그렇게 바뀐 한 사람 한 사람의 마음이 결국엔 세상도 바꿀 수 있죠.

오늘날 도처에서 변화가 필요합니다. 진정한 변화를 위해서는 언제 어디서부터 누구에 의한 변화인지를 깊이 사유해야 하죠. 분명한 것은 변화란 지금부터, 나로부터, 나에 의해 이루어져야 한다는 것입니다. 그래야 지속 가능하고 파급력 있게 실천할 수 있죠. 그래야 변화가 우리 삶 속에서 살아 숨 쉴 수 있습니다. 그런 변화가 합쳐질 때 세상이 변하는 거대한 변화를 이끌 수 있죠.

살던 대로 살면서, 관행에 젖어, 타성에 젖은 방식으로는 변화를 이룰 수 없습니다. 각자 각자의 절박한 자각과 힘들지만 거듭남의 노력을 통하여 가능한 일이죠. 그 시작이 명상이라고 봅니다. 밖으로 향하던 눈을 안으로 돌려 스스로를 돌아보는 일에서 시작되어야 하니까요.

명상이 일없이 한가하게 앉아 있는 것처럼 보일 수 있지만 실제로는 나와 세상의 변화를 주도할 수 있는 고요한 혁명입니다.

셋. ★

방석 위의 명상

01
일단 몸부터 앉아서
눈을 감고 ★

명상을 시작하는 방법은 단순합니다. 일단 앉아서 실제로 해보는 거죠.

무슨 일이든 마찬가지입니다. 명상에 관심이 있으면 무엇보다 몸을 앉혀서 시작하는 일이 중요하죠. 앉아 보면 알게 됩니다. 스스로 명상에 대해서 무엇을 알고 무엇을 모르는지. 그때부터 의문이 생기죠. 앉을 때는 어떻게 앉는지, 호흡은 어떻게 하는지, 마음은 또 어떻게 해야 하는지. 의문이 있으면 찾아보게 됩니다. 검색을 해보고, 책도 찾아보죠.

대부분 명상을 혼자서 하다 보면 한계를 느낍니다. 이때부터 누구와, 어디에서, 어떤 방법으로 할 것인지 다양하게 섭렵할 필요가 있죠. 열린 마음으로 탐색하다 보면 인연을 만나게 됩니다. 명상센터를 방문하거나 지도가 가능한 분을 소개받는 것도 좋죠.

다만 혼자 명상하면서 너무 특별한 방법을 시도하지는 말기 바랍니다. 간혹 혼자서 이상한 방법으로 명상하는 분들이 있죠. 책이나 인터넷에서 본 방법이라고 하면서. 호흡을 극도로 참는다든지, 백회나 미간에 기를 모은다든지, 기를 앞뒤로 돌린다든지 합니다. 이런 방법은 경험이 많은 검증된 분들의 지도를 받아야 하죠. 혼자서 정확한 방법을 모른 채 무모하게 하다가는 건강상에 문제를 일으킬 수도 있으니 주의할 일입니다.

명상도 자기에게 맞는 길이 있습니다. 명상의 궁극적인 지향점은 같아도 들어가는 입구는 다양하죠. 참선, 위빠사나, 통찰명상, 마하무드라, 요가 등. 그러니 인연을 만나기까지는 보편적인 방법으로 명상을 해나가는 것이 좋습니다.

일반적인 방법은 일단 의자나 방석 위에 편안하게 앉습니다. 자세를 바르게 하고, 양 무릎이 바닥에 닿게, 모든 인위적인 노력을 멈추고 앉는 거죠. 앉아서 모든 생각을 내려놓고 고요하게 쉬고 쉽니다. 인위적인 노력을 멈추라는 말은 호흡을 억지로 하거나, 배에 힘을 주거나 하지 말라는 말입니다. 그냥 내맡기는 겁니다. 내가 애쓰지 않아도 자연스럽게 이루어지는 생명현상에 온전히 내맡기는 거죠. 의식적으로 애쓰지 않아도 몸이 알아서 숨을 쉬도록 허용하고 자연스럽게 내버려 둡니다. 마음이 편안해지면 호흡은 저절로 고요해지고 깊어지죠. 그러니 호흡을 인위적으로 조절하려는 노력은 하지 말아야 합니다.

눈은 뜨고 하는 것이 권장됩니다. 하지만 눈을 뜨고 명상을 잘하기가 쉽지 않습니다. 눈은 떴지만 시선을 거둘 수 있어야 하기 때문입니다. 보고 있지만 보고 있지 않은 상태가 될 정도로 시선이 어느 한 곳에 쏠리지 않아야 하죠. 눈을 뜨고 있지만 시선이 내면을 향해 있기 때문입니다. 초점이 없어지는 거죠. 이렇게 하기가 쉽지 않으므로 눈을 감는 것도 좋습니다. 졸릴 때는 눈을 떠서 잠에 떨어지지 않도록 해야 하죠. 입은 윗니를 아랫니에 살짝 얹어 놓는다는 심경으로 가볍게 다물고, 허리를 곧게 펴고 앉습니다. 앉아 있는 자세를 유지할 수 있는 힘만 남기고 온몸의 힘을 뺍니다. 고요히 앉아서 몸과 마음이 편안해지면 정신을 바짝 차립니다. 명상하는 이 순간, 나와 나를 둘러싼 모든 곳에서 실제로 무슨 일이 일어나는지 알아차리는 거죠.

'쉼', '고요함', '내맡김', '알아차림'. 이 넷은 명상의 매우 핵심적인 요소들입니다. 이러한 요소를 염두에 두고 틈날 때 조금씩 혼자서 명상을 해보길 바랍니다. 스스로 직접 해보면 명상이 주는 기쁨과 이점을 맛보게 되죠. 조금씩 의문도 생기면서 명상에 대한 기초를 다져가는 시간이 됩니다. 그렇게 조금이라도 꾸준히 실천하다 보면 좀 더 적극적으로 명상을 함께 할 수 있는 인연이 나타나죠. 인연이 나타나면 그때부터는 인연을 따르면 됩니다.

02
자세를 유지할 수 있는
힘만 남기고 ★

일단 온몸의 긴장을 완전히 이완하고 편안하게 앉습니다. 마음도 편안해야겠죠. 그렇다고 마음을 아주 놓아버리는 것은 아닙니다. 오히려 마음은 더 깨어있어야 하죠. 하지만 몸은 자세를 유지할 수 있는 힘만 남기고 최대한 편안하게 앉는 것이 중요합니다. 명상하는 동안 몸에 불편한 곳이 있으면 그곳으로 정신이 뺏겨서 마음을 들여다보기 어렵기 때문이죠. 몸에 불편한 곳 없이 충분히 이완되고 홀가분해지면 마음도 쉽게 이완되고 편안해집니다. 명상을 할 수 있는 가장 기본적인 준비가 된 셈이죠.

평소에 우리는 습관적으로 몸에 힘을 주는 경향이 있습니다. 무슨 일이든지 신경을 쓰면 목과 어깨부터 뻣뻣하게 굳어 오죠. 특히 긴장을 많이 하거나 조바심을 내면 온몸 구석구석에 힘이 들어가서 쑤시고 아프기도 합니다.

현실적으로 긴장이 필요할 때도 있죠. 어쩌면 급변하는 경쟁사회에서 생계를 유지하고 사는 일 자체가 긴장의 연속이기도 합니다. 걱정할 일도 많고 예측할 수 없는 일들이 다반사로 일어나서 대체로 온몸이 굳어 있습니다. 한 사람의 역사가 고스란히 몸에 남은 거죠.

명상할 때만큼은 일상의 다사다난한 일들을 내려놓고 몸부터 완전히 이완해 줍니다. 머리에서부터 얼굴, 어깨, 목, 등, 팔, 허리 등. 온몸을 스캔하듯이 관찰하면서 남은 긴장을 완전히 이완하죠. 몸 표면부터 장부 깊숙한 곳까지 완전히 이완해 줍니다.

'몸은 마음의 가장 거친 형태이고, 마음은 몸의 가장 미세한 형태'라고 하죠. 몸과 마음은 하나로 연결되어 있어서 서로 긴밀하게 영향을 주고받습니다. 몸이 편안해지면 마음도 편안해지죠. 이렇게 몸과 마음이 편안해지면 깊은 명상 상태에 몰입할 수 있는 기반이 됩니다.

등은 바로 펴서 과도하게 뒤로 젖히거나 앞으로 구부러지지 않도록 합니다. 동시에 상체를 살짝 들어 올리면서 척추 뼈마디 사이사이 추간판이 눌리지 않도록 바로 세워줍니다. 등 곡선이 자연스럽게 자리 잡도록 앉는 거죠. 등이 제대로 자리를 잡으면 어깨를 살짝 바깥으로 돌리면서 가슴을 활짝 열고 어깨를 이완해 줍니다. 손은 자연스럽게 무릎에 올려놓거나 단전 앞에 포개어 놓죠.

턱은 아래위로 움직여 기혈 순환이 잘되는 느낌이 드는 위치를 찾아봅니다. 턱을 너무 들어 올리거나 숙이지 않도록 몸쪽으로 살짝 당겨서 편안한 지점을 찾는 거죠. 턱의 위치를 움직여 보면서 '이거구나' 하는 느낌이 드는 위치를 잘 찾아보기 바랍니다.

등을 바르게 펴고 턱의 위치를 잘 잡는 것은 호흡이 쉽고 원활하게 이루어지도록 하기 위함입니다. 물론 기혈 순환에도 큰 영향을 미치죠. 등이 앞으로 굽어서 상체가 앞으로 쏠리면 숨을 쉴 때 공기가 자연스럽게 들고 나지 못합니다. 허리를 너무 세워서 뒤로 기울어지듯 앉는 것도 마찬가지죠. 자세를 바로 하면서도 긴장되거나 몸에 과부하가 생기지 않는 자연스러운 자세가 중요합니다. 상체를 위로 살짝 들어 올리는 느낌으로,

마치 누가 허공에서 머리와 등을 살짝 끌어올려 주는 느낌으로 앉으면 도움이 되죠.

전신의 긴장을 완전히 이완하라고 했지만 마음까지 해이한 상태는 아닙니다. 몸을 최대한 이완하면서도 마음은 생생하게 깨어있어야 하죠. 마음이 해이해지지 않도록 자세에 마음을 담아 힘의 균형을 맞춰서 잘 앉아야 합니다. '품위 있게 앉으라' '세련되게 앉으라'는 표현처럼 몸을 충분히 이완하되 뭔가 격조와 적절한 깨어있음이 담긴 자세를 잡는 겁니다.

다리는 두 무릎이 평평하게 바닥에 닿을 수 있도록 앉습니다. 요가에서 '편한 자세' 또는 '수카아사나'라고 하는데 이 자세는 양 뒤꿈치가 몸 중앙에서 나란하도록 발을 바닥에서 교차합니다. 그러면 양 무릎이 편안하게 바닥에 평평하게 닿죠. 두 발을 양쪽 허벅지에 한 발 한 발 겹쳐 놓는 결가부좌나 한 발만 반대쪽 허벅지에 올려놓는 반가부좌도 괜찮습니다.

살펴야 할 것은 양 무릎이 바닥에 편안하게 닿도록 앉는다는 거죠. 무릎이 뜨면 방석이나 쿠션을 엉덩이 아래에 받쳐서 양쪽 무릎이 되도록 바닥에 밀착하도록 앉습니다. 양 무릎이 땅에 닿으면 몸이 자세를 유지하기 위해 불필요한 힘을 쓰지 않아도 되죠. 그 자체로 안정감 있는 자세가 됩니다. 앉을 때는 엉덩이가 무릎과 같거나 높은 위치가 되도록 자신의 다리 상태에 따라 방석이나 쿠션을 적당하게 사용하는 것이 좋습니다.

입은 살짝 다뭅니다. 혀끝을 앞니의 뒤편에 갖다 대고 윗니를 아랫니에 얹어놓기만 한다는 심경으로 가만히 둡니다. 이를 너무 꽉 깨문다든지 입술에 힘을 주지 않죠. 그저 살짝 다문다는 느낌이면 충분합니다. 눈은 시선을 정면으로 향하여 바닥을 바라보며 반쯤 뜹니다. 특정한 곳에 시선을 두면서 집중하지 말고 허공에 시선을 툭 던지듯이 힘을 빼고 그저 눈을 지그시 뜨고만 있죠. 눈을 써서 적극적으로 뭔가를 보는 상태가 아니라 소극적이고 수용적으로 보이는 것만 감지하는 상태입니다.

물론 눈이 불편하거나 졸음이 문제 되지 않는다면 감아도 되죠. 다리가 아프면 잠시 자세를 바꾸어도 되고, 팔도 편한 자세로 앉으면 됩니다. 자세에 신경 쓰느라 긴장하지 않도록 합니다.

또 한 가지 중요한 점은 앉을 때 둔부로 앉지 말고 엉덩이뼈 그러니까 좌골이 바닥에 닿도록 앉는 겁니다. 좌골이 땅에 닿으면 자세 잡기가 훨씬 용이하죠. 좌골은 엉덩이뼈의 끝부분입니다. 무심코 앉으면 이 부분이 바닥에 닿지 않고 둔부가 닿을 수 있죠. 참고로 쉽게 좌골이 땅에 닿도록 앉으려면 앉은 자세에서 엉덩이를 뒤로 빼주면서 몸을 앞으로 숙였다가 천천히 일어나면서 앉으면 잘 앉아집니다.

하지만 자세가 중요하다고 해서 자세에 너무 연연할 필요는 없습니다. 자세는 그저 기본이죠. 운전을 배울 때 연습장에서 S자, T자 코스를 연습하듯이 기본을 익히기 위함입니다. 하다 보면 자신에게 맞는 자세를 찾게 되죠. 명상은 마음에 관련된 문제이므로 너무 자세의 격식에 마음 뺏기지 않도록 합니다. 호흡이 들고 나는데 방해롭지 않게 등을 세우고, 의식이 해이해지지 않게 바르고 편안하게 앉으면 되죠. 명상이 익숙해지면 이러한 자세가 크게 문제 되지 않습니다. 스스로 조절 능력이 생기니까요.

하지만 처음에는 어느 정도 격식을 갖추고 단련을 해보는 것이 필요합니다. 시간이 흐르면서 점차 몸에 힘을 빼면서도 바르게 앉는 법이 익숙해지면 몸이 잊히는 상태를 경험할 수 있죠. 몸이 잊히는 상태를 경험하기가 쉽지는 않지만, 그 상태를 경험하기 시작하면 좀 더 마음의 움직임을 쉽게 알아차릴 수 있습니다.

03
잘 앉기만 해도
반은 성공 ★

"명상이 너무 어려워요."
"잡생각이 너무 많이 나서 못 앉아 있겠어요."
"몸이 여기저기 쑤시고 다리도 아파서 10분간 앉아 있는 것도 너무 힘들어요."

명상을 처음 접한 사람들의 하소연입니다. 그래서 명상하는 모습을 자세히 지켜보기도 하고, 어떤 지점이 명상을 어렵게 하는지 이야기도 나눠봤죠. 초심자들은 명상이 익숙하지 않아서 어색한 몸으로 어정쩡하게 앉아서 명상하는 경우가 많습니다. 등이 너무 굽은 채 또는 무릎이 바닥에서 꽤 떠 있는 채, 턱을 높이 들고 명상하는 분도 있죠. 또는 생각이 많이 난다는 사실에 괴로워하거나 쉽게 잠이 와서 좌절감을 느끼는 분도 있습니다.

앉아서 명상할 때는 잘 앉는 일이 중요합니다. 몸과 마음이 밀접하게 연결되어 있어서 몸이 마음에 미치는 영향도 무시할 수 없기 때문이죠. 그러니 앉을 때 어떤 마음으로 어떻게 앉느냐 하는 문제는 명상의 질에 밀접하게 반영됩니다. 자세를 대충 잡고 앉으면 쉽게 졸리고, 자세에 힘이 들어가면 평소 습관적으로 부여잡던 그 마음을 내려놓기가 쉽지 않죠. 이 생각 저 생각 오가는 생각도 많습니다. 관성의 법칙대로 바쁜 마음이 쉬어지지 않아서 그렇습니다.

명상할 때는 적당한 긴장과 이완의 절묘한 조화가 필요합니다. 깨어있음과 내려놓음이 공존해야 하죠. 자세를 유지할 수 있는 힘만 남기고 온몸의 긴장은 완전히 내려놓아야 합니다. 생각을 쉬고 마음을 비워야 하지만 정신은 바짝 차려야죠. 사실 쉬운 일은 아닙니다. 어떤 명상 지도자는 '힘들어지려고 명상한다'라고도 합니다. 대충 살려면 명상이 뭐가 필요하냐는 거죠. 힘들여서 해야 할 일을 마땅히 해야 원하는 결과에 이를 수 있다는 말입니다.

아무튼 어떤 종류의 명상이든 쉼, 이완, 고요, 내맡김, 깨어 있음, 알아차림, 꿰뚫어 봄 등은 질적으로 '잘되는 명상'을 위해 매우 중요한 요소들입니다. 그 가운데 정신적인 쉼과 이완은 몸의 이완과 아주 밀접한 상관관계를 갖죠. 우리 몸이 완전한 이완과 휴식을 취할 수 있을 때 마음도 따라서 쉽게 이완되고 쉴 수 있기 때문입니다. 그렇게 완전한 휴식을 통해 '나, 나를, 나에게, 내가' 등 개체 중심적이고 자기중심적인 의식을 내려놓을 수 있을 때 우리는 더 깊은 차원의 '참 나'를 경험하기가 수월해지죠.

어떻게 긴장과 이완이 동시에 가능한가? 의문을 가질 수도 있습니다. 그래서 경험이 중요합니다. 말로는 상충하는 것처럼 보이지만 실제로 해보면 그럴 수밖에 없습니다. 고요하게 몸과 마음이 완전히 이완되어 있으면서도 동시에 면도날처럼 예리하게 깨어있는 정신이 공존하는 상태 말이죠.

잘되는 명상을 위해 마음도 중요하지만 자세를 잘 잡는 것 또한 매우 중요합니다. 깨어있는 마음으로, 양 무릎이 바닥에 닿도록 앉습니다. 엉거주춤한 상태로는 몰입이 잘되지 않죠. 자세를 유지하느라 신경을 쓸 수밖에 없습니다. 양 무릎이 땅에 닿도록 양 무릎을 지긋이 눌러주며 복부 근육에 약간의 힘을 주면서 상체를 살짝 들어 올립니다. 자연스럽게 척추가 바로 서면서 상체에 힘이 빠지고 가벼움을 느낄 수 있죠.

이렇게 등을 자연스러우면서도 곧게 펴서 호흡할 때 공기와 기혈이 원활하게 순환되도록 앉습니다. 등을 너무 뒤로 젖히거나 앞으로 굽히지 않도록 중심을 잘 잡습니다. 좌골이 바닥에 닿아 꼬리뼈로 단단히 뿌리를 내리는 심경으로 앉으면 무게중심이 하체에 실리면서 상체는 아주 가볍게 느껴지죠.

최종적으로 다시 한번 상체를 위로 살짝 들어 올리면 자연스럽게 허리가 세워지고 자세가 편안해집니다. 뒷목을 쭉 늘이면서 턱을 살짝 몸쪽으로 당겨줍니다. 어깨는 바깥쪽으로 원을 그린다는 심경으로 살짝 열어서 젖혀 줍니다. 양손을 무릎 위에 편안하게 놓습니다. 아랫배 단전 앞에 놓아도 됩니다. 그래도 자세가 잘 잡히지 않으면 상체를 전체적으로 앞으로 숙였다 일어나면서 좌골로 앉는 위치를 찾을 수도 있죠. 그렇게 좌골, 무릎, 등, 턱, 어깨의 위치를 편안하면서도 자연스럽게 잘 앉으면 잘되는 명상에 도움이 됩니다.

겉모습이 이렇게 앉아져도 사람 따라 몸 상태에는 다양한 차이가 있죠. 뼛속 깊이까지 완전히 이완되는 사람도 있고, 겨우 자세만 잡을 수 있는 사람도 있습니다. 정답은 없지만 꾸준히 스스로 자세를 확인해 가면서 명상에 쉽고 편한 자세를 찾는 것도 방법이죠.

이런 바른 자세는 몸의 기혈 순환에 큰 도움이 됩니다. 바르게 앉아서 배꼽에서 주먹 하나 정도 내려간 단전에 마음과 기운을 두고 명상을 하면 마음뿐 아니라 몸 건강에도 도움이 되죠. 그렇다고 단전에 너무 집착하면 안 됩니다. 마음과 기운을 그저 단전에 두고 호흡을 바라만 봅니다. 그렇게 의식을 단전에 두고 명상하면 수승화강(水昇火降), 즉 물기운이 오르고 불기운이 내리면서 자연스럽게 정신이 맑아지고 명상에 쉽게 몰입할 수 있게 되죠.

앉아서 하는 명상에서 자세를 잘 잡는 것은 생각보다 중요합니다. 적당한 긴장감으로 자세를 바르게 잡고, 동시에 힘을 빼는 법을 알아서 완전한 이완을 할 수 있다면 명상에 몰입할 수 있는 좋은 여건이 되는 거죠. 잘 앉기만 해도 반은 성공입니다.

명상이 어렵다고 느껴지시는 분들은 자세를 한번 점검해 보길 바랍니다.

04
가만히 마음을
들여다보면 ★

명상에 관심을 가지면 이런저런 탐색을 하게 됩니다. 자료도 보고 각종 캠프나 교육, 리트릿(안거)에 참여하기도 하죠. 그런데 자칫하면 읽고 묻고 배우는 일에 몰두해서 실제적인 명상을 소홀히 하기 쉽습니다. 머리로만 이해하고 실제 경험은 없지만 명상에 대해 잘 안다고 착각하는 거죠.

명상은 스스로 경험해 나가는 것이 중요합니다. 머리로 이해하고 발로 아무리 스승을 찾아다녀도 실제로 앉아서 몸으로 하는 명상 경험이 축적되지 않으면 명상의 이점을 맛볼 수가 없죠. 맛이 없고 재미가 없으면 깊은 수행으로 나아가기가 어렵습니다.

탐색도 좋지만 반드시 스스로 앉아서 산란한 마음을 가라앉히고 고요한 마음을 길들이는 명상을 해야 하죠. 처음에는 무조건 고요하게 앉아서 산란한 마음이 고요해지는 경험을 해야 합니다. 분주하던 삶 속에서 잠시 고요히 앉는 것만으로도 많은 변화를 경험할 수 있죠. 가쁜 호흡이 가라앉고 산란하던 정신이 고요해지면서 어떤 기쁨과 편안함을 느낄 수 있습니다.

몸과 마음이 하나이므로 마음을 가라앉히기 위해 일단 몸부터 고요히 앉는 거죠. 마음을 고요히 하기 위해 반드시 몸이 앉아야 하는 것은 아닙니다. 익숙해지면 몸의 자세와는 상관없이 가능해지죠. 앉든 눕든 서든 돌아다니든 어떤 상태에서도 마음은 고요할 수 있습니다. 하지만 처음 명상을 접한 사람은 몸을 앉힘으로써 마음을 고요히 하는 것이 수월합니다.

초심자에게는 살던 대로 살고, 하던 대로 하려는 관성의 힘이 강합니다. 그래서 명상을 하려고 앉으면 오만가지 중요한 일이 떠오르죠. 지금 당장 해야 할 것 같은 일들이 계속 생각나서 가만히 앉아 있을 수가 없습니다. 그 많은 유혹에도 불구하고 시간을 내서 앉을 수 있다는 것은 용기가 필요하고 그만큼 결단이 필요한 일이죠.

그렇게 시간을 할애해서 몸이 앉았다면 마음을 앉히는 일이 필요합니다. 몸이 앉았다고 마음도 바로 앉아지는 것이 아니니까요. 몸은 앉아 있어도 마음이 사방으로 돌아다닙니다. 과거와 미래로 오가며 분주합니다. 어떤 사람은 명상하면서 정신이 더 산란해졌다고 합니다.

자기가 무슨 생각을 하는지도 모르게 분주하고 요란하게 살다가 명상을 통해 자기의 의식 세계를 들여다보니 그렇게 생긴 거죠. 명상은 밖으로 향하던 관심을 내면으로 돌려 우리 마음의 현주소를 자각하고 그 마음을 자유롭게 사용하는 상태로 나아가는 전 과정이 포함됩니다. 시간이 걸리는 일이죠.

그래서 명상을 내면으로 떠나는 여행이라고 합니다. 우주만큼 무한한 세계가 우리 마음 안에서 펼쳐지죠. 마음이 흔들리면 그 풍경이 제대로 보이지 않습니다. 그래서 대부분의 명상이 앉아서 아무것도 하지 않으면서 내면의 풍경을 보고 익숙해지는 과정을 입문 단계로 하죠. 머리로는 안 되는 일입니다. 몸으로 직접 체험해 들어가야 하죠.

일단은 앉으셔야 합니다. 앉아서 밖으로 향하던 관심을 내면으로 돌려 자기 마음 세계에 어떤 일이 벌어지고 있는지 들여다봐야죠. 그렇게 가만히 들여다보면 마음이 움직이는 것이 보입니다. 처음에는 생각에 지배받죠. 그런데 조금 더 들여다보면 생각은 생각일 뿐 실재하는 것이 아님을 자각하게 됩니다.

생각이 생각일 뿐 실재가 아니라면 실재는 과연 무엇인지 의문이 들죠. 그 의문과 함께 생각을 내려놓고 실재에 관심을 기울여 나갑니다. 실재하는 것 중에 가장 쉽게 경험할 수 있는 것이 호흡입니다. 숨이 들고 나면서 몸에 미세한 움직임이 있죠. 처음엔 그것부터 알아차리기 시작합니다. 가슴과 배를 비롯하여 등과 몸 전체의 미세한 움직임과 변화를 섬세하게 관찰하면서 이 순간에 실재하는 것을 감지하다 보면 어느새 생각이 쉬어지고 고요해집니다.

이때 자세가 불편하면 몸에 신경이 쓰여 마음을 뺏기기 쉽습니다. 몸 여기저기 불편한 곳을 살피느라 정작 마음을 살필 여력이 없는 겁니다. 앉더라도 잘 앉아야 하는 이유죠.

05
온 우주가 내 몸을
통해 숨 쉬듯이 ★

처음 명상을 시작할 때는 챙겨야 할 것이 많습니다. 그중 하나가 자세와 호흡이죠. 자세를 바르게 하고 호흡을 깊고 고르게 합니다. 마음이 바쁘거나 화가 나면 호흡 또한 가쁘죠. 숨을 쉬는 위치도 가슴이나 목 쪽에 치우쳐서 헐떡이는 숨을 쉽니다. 이처럼 호흡은 그 사람의 마음 상태와 밀접한 관계를 갖죠.

그렇다고 호흡을 늘리려고 억지로 참는 것은 권장할 일이 못 됩니다. 마음이 안정되고 여유로워지면 호흡은 자연스럽게 깊고 편안해집니다. 호흡은 자연스러운 것이 제일 좋습니다. 간혹 '들이쉬는 숨은 조금 길고 강하게 하고 내쉬는 숨은 조금

짧고 약하게 하라', '들이쉴 때는 짧게 하고 내쉴 때는 길게 하라' '들이쉬는 숨과 내쉬는 숨 사이를 참아라'라고 합니다. 이런 식으로 다양한 방법을 제시하는 데는 나름의 이유가 있겠지만, 상반된 지침이 가능하다는 것은 호흡하는 방법이 다양할 수 있다는 것을 의미하죠.

결국 명상할 때의 호흡은 자연스러운 것이 좋습니다. 인위적으로 노력하기보다는 마음의 안정을 따라 호흡이 자연스럽게 깊고 골라지도록 하는 것이 좋죠. 호흡을 주도한다기보다 호흡을 바라보고 의식한다는 표현이 더 적절합니다.

결국 온 우주가 내 몸을 통해 숨을 쉬도록 허용하기만 하면 되죠. 깊은 바다에 조류가 밀려왔다 쏠려나가는 것처럼 숨이 들어왔다 나갔다 하도록 내맡기는 겁니다. 그렇게 나를 내려놓고 자연스럽게 숨이 쉬어지도록 내버려두면 명상 후 몸이 가볍죠. 불필요한 에너지를 쓰지 않은 까닭입니다.

몸과 마음이 충분히 이완되고 마음이 고요해지면 호흡도 자연스럽게 깊고 길어지죠. 명상이 깊어지면 오히려 호흡은 문제가 되지 않습니다. 미세해지기 때문이죠. 때로는 숨을 쉬고 있는지조차 의식되지 않을 때가 있습니다. 코로 들이쉬는 것이 아니라 마치 온몸을 통해 저절로 숨이 쉬어지는 것 같을 때가 있죠. 신체의 특정 부위를 따라 들어오고 나가는 것이 아니라 그저 산소가 온몸 전체를 관통하는 그런 느낌 말입니다. 숨을 쉬는 것 같지도 않죠.

초보자일수록 호흡에 관심이 많습니다. 어떻게든 호흡을 길게 늘이려고 하거나, 숨을 멈추고 참거나, 등을 따라 올려서 머리 가슴으로 내리는 등 다양한 시도를 하죠. 하지만 호흡은 몸이 알아서 할 수 있도록 최대한 자연스럽게 유지하는 것이 좋습니다. 억지로 의식적인 개입을 하지 않는 것이죠. 마음이 평온해지고 명상이 깊어지면 호흡 또한 저절로 깊어지니까요.

명상에서, 특히 초심자에게 호흡을 자주 언급하는 이유는 호흡이 쉽게 흔들리는 마음을 잡아줄 의지처가 되어서 그렇습니다. 평소에 분주하게 이리저리 돌아다니던 마음을 한순간에 가만히 앉히는 일은 쉽지 않습니다. 출렁이는 강물에 나룻배가 쓸려가지 않으려면 육지에 끈을 매어 고정하는 것과 같은 이치죠. 호흡은 우리가 명상하는 동안 실질적으로 일어나고 있는 일이므로 거기에 마음을 의지하고 있으면 잡념이나 감정에 쉽게 휩쓸려 가지 않도록 도와줍니다.

호흡이 들어오고 나가는 것에 집중하다 보면 산란하던 마음이 가라앉으며 자연스럽게 고요해지죠. 호흡을 어떻게 하는 것이 아니라 호흡하는 것을 알아차리는데 집중해서 마음이 흔들리지 않도록 하는 겁니다. 그렇게 자연스럽게 숨이 들고 나는 것을 인식하고 집중하다 보면 현재에 온전하게 머물게 되죠.

또 한 가지는 명상을 시작하기 전에 깊게 내쉬는 호흡을 몇 번 하면 도움이 됩니다. 현대인은 참고, 긴장하고, 지키고, 방어해야 할 것들이 많아서 가슴이 답답한 사람이 많습니다. 이런 경우 명상 전에 충분히 깊게 내쉬는 것이 긴장을 내려놓고 편안하게 이완하는데 도움이 됩니다. 코로 들이쉬고 입으로 내쉬면 쉽죠. 코로 깊이 들이쉬었다가 입으로 '후~~'하고 소리를 내면서 깊이 내쉬는 거죠. 코로만 내쉬어도 됩니다.

그렇게 앉아서 명상할 때는 인위적인 모든 노력을 멈추고 쉽니다. 하던 일을 멈추고 고요히 앉아서 쉬는 거죠. 마음은 쉬고 있지만 몸에는 끊임없이 숨이 들어왔다 나갔다 합니다. 마치 해안가에 밀려들었다 빠져나가는 바닷물처럼 그저 오고 가죠. 티베트 스승 잠곤 꽁뚤은 말합니다. "밀려들었다 빠져나가는 바다의 움직임처럼 휴식하라."

내가 숨 쉬고 있는 줄 알지만, 사실은 온 우주가 함께 살아 숨 쉬고 있죠.

06
아랫배 단전에 의식을 두고 ★

명상의 기초는 흔들리는 마음을 안정시키는 것에서 출발합니다. 모든 생각을 멈추고 일단 앉는 거죠. 늘 밖을 향해 애타게 구하며 가리고 끌리기 때문입니다. 욕심과 집착에 흔들려서 세상을 있는 그대로 보지 못하죠. 그 흔들리는 마음을 안정시켜 있는 그대로 나 자신과 세상을 볼 수 있게 하는 것이 명상입니다.

하지만 흔들리던 마음을 단번에 안정시키기가 쉽지 않죠. 그래서 처음에는 마음 붙일 일거리를 하나 줍니다. 여기저기 돌아다니는 원숭이를 안정시키기 위해 바나나라도 주어서 일단 바닥에 앉히는 것과 같은 이치죠. 일단 집중할 거리를 방편으로 주는 겁니다. 방편은 여러 가지가 있죠. 들고 나는 호흡에 집중하거나, 호흡을 세거나, 관세음보살을 비롯한 여러 부처님의 이미지를 상상하며 그 지혜와 덕성을 닮아가도록 관상하거나 해, 달 등 세상에 유일한 것들을 떠올리며 일심을 모으는 겁니다.

모든 방법이 장점이 있고 나름대로 효과가 있죠. 그중에서도 마음과 기운을 단전에 모으는 방법은 정신적으로나 신체적으로 도움이 됩니다. 마음과 기운을 배꼽 아래로 세 치, 그러니까 배꼽에서 주먹 하나 내려간 지점의 단전에 의식을 두는 거죠.

그렇게 하면 자연스럽게 마음과 기운이 가라앉습니다. 그 상태에서 숨이 들어오고 나갈 때 어떤 느낌인지 집중해서 느껴봅니다. 최대한 고요하고 미세하게 찾아 들어가는 거죠. 고요하고 고요하게, 미세하고 미세하게 그 느낌을 찾아 들어가다 보면 일심 집중이 됩니다. 인위적인 노력으로 숨을 쉬는 것이 아니라 힘을 빼고 숨이 들어오고 나가는 것을 단전을 중심으로 알아차리고 느끼는 거죠.

마치 출렁이는 배가 닻을 내려 정박하듯이, 단전에 닻을 내리면서 마음과 기운이 흔들리지 않도록 중심을 잡는 거죠. 단전, 배꼽으로부터 주먹 하나 크기만큼 내려간 지점 또는 손가락 3마디 정도 내려간 지점에 힘을 빼고 의식을 두는 겁니다. 처음에는 그 지점이 잘 느껴지지 않으니까, 반창고를 붙이기도 하고, 손가락을 대기도 하고, 어떤 사람은 나무 막대로 짚고 호흡하기도 합니다.

하지만 중요한 것은 의식입니다. 마음과 기운을 단전에 머물도록 하는 거죠. 머물 '주'자를 써서 '단전주'라고 합니다. '단전호흡'과는 조금 다르죠. 단전으로 호흡하면서 배를 내밀었다 끌어당겼다 하는 것이 아니라 마음과 기운만 거기에 둔다는 거죠. 의식만 두는 것이 어려운 경우 단전호흡으로 시작해서 단전주로 나아갈 수도 있습니다.

위치가 어디쯤인지 염두에 두고 의식을 하면 자연스럽게 마음과 기운이 단전에 모이죠. 그렇게 마음과 기운을 모은 채 명상에 몰입하면 단전에 따뜻한 느낌이나 조이는 느낌, 블랙홀처럼 빨려 들어가는 느낌 등이 더해지면서 점점 집중이 쉬워집니다. 하지만 이런 느낌은 느낌일 뿐 중요하게 다룰 일은 아닙니다. 다른 사람의 경험을 부러워할 일도 아니죠.

그저 의식을 단전에 두면 마음과 기운이 모이면서 자연스럽게 수승화강이 됩니다. 물기운이 올라가고 불기운이 내려와 기혈 순환이 순조롭게 되면서 정신도 맑아집니다. 그뿐만 아니라 혓줄기와 이 사이로부터 침도 나오죠.

바른 자세, 적절한 이완, 턱의 위치, 마음과 기운이 단전에 머무름, 자연스럽고 고른 호흡. 이 모든 조건이 잘 맞고 마음이 고요해지면 입 속에 맑고 부드러운 침이 많이 고입니다. 그렇게 입 속의 침이 고이고 단전에 느껴지는 기운이나 느낌에 집중하다가 어느 순간 아무런 생각이 없음을 자각하게 되죠. 생각이 없고 다만 앎만 있는 겁니다. 생각하는 주체로서의 내가 없어지고 그저 아는 상태임을 자각하게 되죠. 수승화강이 잘 되면 쉽게 잡념이 가라앉고 정신이 맑아지게 됩니다.

모든 인위적인 노력을 쉬면서도 배가 닻을 내리듯 마음과 기운을 단전에 내리면 자연스럽게 이 모든 변화가 일어나죠. 중요한 것은 모든 기대와 바람을 놓고 쉬고 쉬면 자연스럽게 일어나는 변화라는 겁니다. 기대하거나 기다릴 일은 아닙니다.

07
한 폭의 풍경화 속으로 녹아들어 ★

사람들이 인정하든 인정하지 않든 대부분의 사람은 자기 자신을 우주의 중심인 것처럼 생각하며 삽니다. 거미줄의 중심에 매달린 거미처럼 세상이 나를 중심으로 돌아가야 하는 것처럼 착각하죠. 그림으로 표현하면 한 아이가 축구공만 한 세상을 바라보듯 자신의 존재감이 큰 상태로 사는 겁니다. 착각이죠.

명상은 나와 세상에 대한 객관적 인식을 돕습니다. 마음을 가라앉히고 정신을 차리면 차차 균형 있는 안목을 갖게 되죠. 앉아서 명상하다 보면 나에 대한 자각이 생기면서 한 폭의 풍경화 속으로 녹아드는 경험을 할 때가 있습니다. 바라보는 내가 있고, 보이는 세상이 분명했던 상태에서 어느 순간 내 몸의 경계가 사라지며 세상 속으로 녹아들죠. 나라고 할 것이 따로 없이 풍경화 속의 한 점으로 녹아들어 함께 호흡합니다. 내가 포함된 온 우주가 하나의 세상으로 함께 숨 쉬고 있음이 느껴지죠.

세상의 중심에 놓여있던, 바라보는 주체였던 내가 한 폭의 풍경화 속으로 녹아들면서 바라보는 자와 바라보이는 대상의 경계가 무너지는 겁니다. 그저 숨이 들어오고 나가고, 미세한 기계음이 들렸다 멈추고, 멀리 새소리가 들렸다 사라지고, 숨이 들어올 때 아랫배와 등이 미세하게 움직이고, 끊임없는 변화와 지각만 있을 뿐 따로 나라고 하는 것이 없는 거죠.

비행기를 탔을 때의 일입니다. 밴쿠버에서 한국까지는 보통 11시간 반이 걸리죠. 다행히 바람이 뒤에서 밀어준다면 10시간 반 만에 올 수도 있습니다. 그러니 비행기를 탈 때면 마음의 준비를 하게 되죠. 장시간의 여행에 대비해서 차라리 몸이 극도로 피곤하도록 출발 전에 늦게까지 잠을 자지 않는다든지, 생각할 거리나 들을 음악을 준비하곤 합니다.

하지만 몇 년 전 비행에서는 신기한 일을 경험했죠. 11시간의 비행이 전혀 길게 느껴지지 않았던 겁니다. 기억나는 건, 잊을만하면 준비해 주는 기내식과 비행기 엔진 소리밖에 없었죠. 이륙 후 비행기 엔진 소리가 들렸습니다. 한참 엔진 소리가 들리더니 밥을 주더군요. 밥을 먹고 또 눈을 감고 가만히 있으니 비행기 엔진 소리만 들렸습니다. 그러다 또 밥을 주었죠. 그렇게 밥을 두 번 먹고 나니 착륙 준비를 하라는 겁니다. 마치 한두 시간 비행한 것 같았죠. 하나도 지루하지 않고 피곤하지도 않았습니다. 몇 년간 비행기를 타면서 그런 경험은 처음이었습니다.

내가 없어지고 비행기와 내가 완전히 한 몸처럼 몰입되었던 것이죠. 눈을 감고 있었으니 비행기 엔진 소리와 기내 온도 정도만 감지되었던 것 같습니다. 잠깐 식사 시간을 제외하고는 '무아지경의 여행'을 했던 거죠.

명상이 깊어지면 그런 상태에 머무는 시간이 늘어납니다. 가끔 짧게 경험하다가 몰입의 시간이 길어지죠. 때로는 짧게 때로는 길게. 풍경화로 비유하자면 내가 풍경 속으로 완전히 녹아들어 한 폭의 풍경화로 펼쳐지는 겁니다. 바람이 불면 바람이 부는 대로, 꽃비가 날리면 꽃비가 날리는 대로. 나라는 존재가 따로 튀어나와 풍경을 바라보고 있는 상태가 아닌 거죠. 단지 앎만이 있고, '내가 안다'는 상태와는 차원이 달라집니다.

나와 대상을 초월하여 나이면서 대상이자 대상이면서 나인 합일의 경지가 되는 거죠.

바다에 비유하면 바람 불어 하얗게 부서지던 파도의 포말이 대양에 합해서 함께 출렁이는 상태입니다. 파도와 물이 따로 없는 거죠. 이처럼 명상을 오래 하다 보면 많은 단계를 거칩니다. 명상이 잘될 때는 한 폭의 풍경 속으로 녹아들어 더 이상 나와 풍경이 따로 존재하지 않습니다.

일본 조동종 개조인 도겐 선사도 이와 같은 명상 중 몰입 상태를 멋지게 표현합니다. "몸과 마음이 하나의 대상임을 알게 될 때, 몸에도 머무르지 않고 마음에도 머무르지 않게 될 때 '나'는 없다. 오직 알 수 없는 풍경들이 스스로 일어났다 사라질 뿐."

크리슈나무르티 또한 우주의 큰 흐름 속에 합일하라고 하죠. "내가 없는 절대적 고요와 함께 전 우주의 절대적 질서 속에 하나의 흐름에 합일하라. 집중이 없는 집중, 센터가 없는 앎, 보고 듣고 느끼지만 나가 없는 앎에 머물라."

우리는 간혹 명상 중에 이런 경험을 합니다. 순간적으로 경험을 하거나 오래 지속되지 못해서 우리가 기억 못 할 수도 있죠. 하지만 몸과 마음을 충분히 이완하고 고요하고 명료한 알아차림이 깊어지면 이런 순간을 때때로 경험할 수 있습니다. 때때로 경험하는 이 순간이 점차 늘어나면서 깊은 명상에 대한 감을 잡아갈 수 있죠.

이런 경험의 순간이 늘어나면 나와 세상을 보는 안목도 변하죠. 결국 하나니까요. 우리 모두는 서로 연결된 존재, 어쩌면 한 순간도 머물러 있지 않고 쉬지 않고 변화하는 상호작용의 존재이기도 합니다. 이런 통찰이 깊어지면 삶을 바라보는 안목 자체가 변합니다. 삶의 태도도 많이 변하죠. 깊은 공감이 잘 되고 공존의 삶을 지향하게 됩니다. 나와 너, 나와 세상과의 균형감각도 갖게 되죠. 부처님 말씀하신 중도의 길은 바로 이 균형적인 삶과 다르지 않습니다. 나와 타자를 균형 있게 고려한다는 거죠.

반드시 앉아서 명상할 때만 이런 경험을 하는 것도 아닙니다. 이와 같이 생생하게 깨어서 몰입된 경험은 명상 중에도 가능하지만 비행기를 탔을 때나 샤워를 할 때, 걷는 도중에, 책을 보다가 등등. 일상의 다양한 순간에도 경험하게 됩니다. 소중한 경험이죠. 그러니 명상할 때 충분히 이완하고 나를 내려놓아서 한 폭의 풍경 속으로 완전히 녹아들어 보길 바랍니다. 이러한 경험이 쌓이면 또 새로운 안목과 변화가 자연히 따라오니까요.

08
산란함에서
고요함으로 ★

명상을 하다 보면 심경의 변화를 경험합니다. 잡념이 줄어들고 편안해지기 시작하죠. 맑은 하늘을 비추는 호수처럼 지금까지 경험하지 못했던 고요함이 느껴집니다. 변한 건 없지만 문득 세상이 고요해지는 느낌이죠. 일어날 일은 일어나고 들릴 소리는 들리는데 나의 심경이 고요해진 겁니다.

한번은 숲에서 그룹 명상을 할 때였습니다. 숲에서 그렇게 다양한 새소리가 들리는 줄 그때 처음 알았죠. 평소 산책을 자주 하던 숲으로, 조용한 곳에서 명상하기 위해 찾아갔습니다. 파릇파릇한 신록과 함께 신선한 공기를 마시며 숲에서 다 함께 명상할 생각을 하니 기대가 됐죠.

처음엔 고요하고 좋았습니다. 연두와 초록 잎들이 햇빛을 받아 환하면서도 직사광선이 비치지 않는 숲. 정말 멋진 곳이죠. 하지만 시간이 어느 정도 지나자 여기저기서 새소리가 들려왔습니다. 그것도 평생 들어보지 못했던 요란한 소리였죠. 새들도 많은 사람이 웅성대며 자리를 잡으니 잠시 피했다가 우리가 조용해진 틈을 타 마음을 놓은 모양이었습니다.

정말 시끄러웠습니다. 숲속의 새소리라고 하기에는 너무 꽥꽥대는 큰 소리였죠. 우리가 고요해지니까 있는 그대로 날 것에 가까운 숲의 소리가 들렸던 겁니다. 산책할 때는 새들도 우리를 피하고, 우리도 우리 이야기에 몰두하느라 한 번도 그런 새 소리를 들어본 적이 없었죠.

처음엔 신기하기도 하고 놀랐습니다. 시간이 흐르면서 있는 그대로 소리에 관여하지 않고 그대로 두니 마음이 고요해졌죠. 사실 마음이 고요하니까 새소리가 들렸던 것입니다. 이처럼 아무리 시끄럽고 다양한 소리가 들린다고 해도 성가시게 생각하지 않고 그저 소리로만 인식하면 마음은 고요한 채 명상을 지속할 수 있습니다.

명상을 처음 시작한 사람은 처음에는 자세를 바르게 하고, 호흡을 의식하고, 번거한 생각을 내려놓는 등등 마음 써야 할 요소들이 많습니다. 그러다가 점점 자세가 편안해지고 호흡도 편안해지면 서서히 마음의 움직임을 알아차릴 수 있게 되죠.

명상을 오래 해보면 알게 됩니다. 주위의 요란함이 명상하는 사람의 마음을 어지럽게 하지 않는다는 사실을. 명상하는데 주위가 시끄러워 방해가 된다고 느껴진다면 아직 본인의 명상이 깊어지지 않아서 그런 겁니다. 구체적으로 말하면 '내가 명상할 때는 그런 소리가 나서는 안 된다'는 생각 때문이죠.

몸과 마음의 긴장을 이완하고 호흡을 자연스럽게 하면 차츰 몸과 마음을 잊을 수 있게 됩니다. 그때부터 마음이 좀 더 잘 보이기 시작하죠. 그렇게 마음에 관심을 기울이다 보면 스스로의 잡념이나 생각 많음에 놀랍니다. 없어야 할 잡념이 너무 많아 실망도 하고 마음이 더 산란하고 불편해지기도 하죠.

명상은 일어나는 생각을 없애는 것이 아닙니다. 일어나는 생각을 허용하면서 '지금 이 순간에 실제로 나타났다 사라지는 그 모든 생각과 감정, 느낌'을 조작 없이 있는 그대로 경험하는 거죠. 관여하지 않고 바라보기만 하면 마음은 점차 고요해지기 시작합니다.

  가만히 두면 가라앉아 맑아지는 흙탕물같이 마음 또한 인위적인 조작을 멈추고 기다리면 저절로 고요해지죠. 그렇게 고요의 맛을 느끼기 시작하면 누가 시키지 않아도 명상을 하고 싶어집니다. 그렇게 고요에 익숙해지고 고요가 주는 평온을 느끼는 것이 명상의 기초를 다지는 중요한 요인입니다.

  물론, 거기가 끝이 아니죠.

  고요함을 배경으로 알아차림을 계발해야 합니다. 하지만 고요의 맛을 충분히 느끼는 것도 소중한 경험이죠. 명상이 깊어져서 고요함에 머물 수 있다면 그 기쁨을 충분히 느끼는 것도 나쁘지는 않습니다. 종착지는 아닐지라도 명상이 길을 잃지 않고 가는 중인 거니까요. 그 고요함의 맛, 고요함은 명상이 주는 기쁨의 시작입니다.

09
고요함에서 알아차림으로 ★

명상에서 고요의 맛을 보기 시작하면 알아차림에 관심을 가져야 합니다. 일상의 행복을 위해 명상을 시작했다면 알아차림은 더더욱 중요한 요소죠.

보통 마음이 산란하다가 고요해지면 그 고요함의 매력에 도취하기가 쉽습니다. 그저 그 고요함에 안주하고 싶어집니다. 내 마음이 고요하면 요란하던 세상이 문득 함께 고요해지면서 어떤 해방감이 느껴지죠. 이런 세상이 있었나 싶을 정도로 고요가 주는 기쁨은 특별합니다. 하지만 이 고요함은 시작일 따름이고 이 고요를 기반으로 알아차림을 단련해야 합니다.

지금 이 순간 나와 나를 둘러싼 세상이 어떻게 존재하는지 생생하게 알아차리는 거죠. 특히 생각이 일어날 때 그 일어나는 순간 잘 알아차려야 합니다. 생각은 마치 잠시도 쉬지 않고 날아다니는 새와 같죠. 명상을 하려고 앉으면 여기저기서 새가 날아듭니다. 색깔도 모양도 제각각인 새들이 날아들죠.

갑자기 떠오르는 기억, 해야 하는데 하지 않은 일, 잘 안될까 봐 일어나는 걱정, 미처 알아내지 못한 궁금함, 그때 왜 그랬을까 하는 후회, 도대체 나한테 왜 그럴까 하는 서운함. 종류도 다양합니다. 일어나는 순간 알아차리지 못하면 그 새와 함께 생각 속으로 빠져들죠. 언제 날아왔는지도 모르는 사이에 새들과 말을 섞고 꼬리에 꼬리를 무는 생각으로 여기저기 휩쓸립니다. 주도권을 잃어버린 거죠. 다양한 생각과 감정의 새들이 나를 지배합니다.

내 마음이지만 내 마음대로 쓸 수가 없죠. 생각과 감정이 이끄는 대로 휘둘리며 불필요한 고통이 가중됩니다. 하지만 생각이 들어오는 순간 알아차리면 새들이 날아오다가 물러나죠.

우리가 명상을 하는 이유는 '내 마음을 내 마음대로 사용하기 위해서'입니다. 그러려면 무엇보다 내 마음이 어떻게 움직이는지 알아야겠죠. 밖으로 향하던 시선을 안으로 돌려 내 마음이 어떻게 움직이는지를 들여다봐야 합니다. 들여다보고 생각이나 감정이 어떻게 작동하는지를 알면 내가 주도권을 쥘 수 있죠. 마음이 고요해지고 나면 생각이 들어오는 즉시 알아차릴 필요가 있습니다. 그때를 놓쳐버리면 이미 늦죠. 늦을망정 중간에라도 스스로 생각하고 있음을 알아차리면 그때라도 생각이 쉬어집니다.

그렇게 앉아서 명상하는 동안 알아차리는 힘이 강해지면 평소 우리 마음의 움직임에 민감하게 깨어있을 수 있죠. 감정이 일어날 때, 생각이 들어올 때, 곧바로 알아차릴 수 있으니까 내가 주도적으로 그 감정이나 생각을 조절할 수 있게 됩니다.

예를 들어 화가 나려는 순간을 알아차리면 내가 선택할 수 있죠. 화를 낼지, 거기서 멈출지. 화를 내더라도 내가 의도적으로 내고, 아니다 싶으면 화를 안 낼 수도 있죠. 하지만 화가 날 때 알아차림의 힘이 약하면 감정에 겨워 화를 내고 후회하게 됩니다. 정신을 차린 후 내가 왜 그랬을까 아쉬워해도 그때는 이미 늦죠.

불행한 일이 일어난 후 많은 사람이 이렇게 이야기합니다. '

나도 모르게……' 나도 모르게 불쑥 말을 내뱉어 버리거나 처신해 버렸다는 거죠. 그건 이미 나의 통제를 벗어나 버린 겁니다. 감정이나 생각에 지배당한 후에는 때늦은 후회나 뼈저린 고통을 감수해야 하는 거죠.

그러니 명상에서 고요함의 맛을 보기 시작하면 거기에 안주하지 말고 나아가야 합니다. 알아차림을 더 생생하고 명료하게 계발해야죠. 서양에서는 '면도날처럼 예리하게'라는 표현을 많이 합니다. 면도날처럼 예리하게 미세한 마음의 움직임을 알아차리는 거죠. 갑자기 생각이 들어오면 어디서부터 어떻게 들어와서 어떻게 작동하다가 사라지는지 환하게 아는 겁니다. 그렇게 알아차리는 힘이 강해지면 내가 선택적으로 대응할 수 있습니다.

명상 중에 날아드는 '생각이라는 새'를 어떻게 하고 있는지 살펴보세요. 자신도 모르게 새들과 말을 섞고 놀면서 이리저리 끌려다니는지, 새가 날아오는지 알아차리고 새가 저절로 사라지는지를.

서양 여성으로는 처음으로 티베트 승려 계를 받으신 뗀진 빠모는 이런 말을 했습니다. "수행할 때, 처음에는 어떤 노력이 필요하지만 어느 단계가 지나면 노력하지 않아야 하는 단계가 있다. 궁극적으로 제대로 된 수행은 어떤 것도 하지 않는 것이다. 다만 아주 완전한 알아차림 상태로 존재하는 것이다."

자유롭고 싶다면 알아차림의 힘이 필요합니다. 모든 것을 잊고 그저 고요하게 앉아서 안주할 일이 아니죠. 평생을 그렇게 앉아 있을 수는 없으니까요. 알아차림. 명상에서 아주 중요한 마음의 힘입니다. 고요의 맛이 좋아지기 시작하면 알아차림으로 나아가야 합니다.

10
알아차림을 더
명료하고 미세하게 ★

다시 말하지만 고요함이 어느 정도 구축되면 알아차림 계발에 정성을 들여 느낌, 감각, 생각 등을 있는 그대로 알아차리기 시작해야 합니다. 그렇게 스스로 어떤 편견이나 선호하는 것에 대한 판단이나 개입 없이 있는 그대로 알아차리기 시작하면 실재하는 것과 그렇지 않은 것의 차이가 인식되기 시작하죠.

있는 그대로에 대한 알아차림이 계발되면 생각이 과거로 향할 때 그것은 이미 지나간 것임을 알아차립니다. 마음이 미래로 달려가 불안하거나 걱정하고 있다가 문득 알아차리면 그것 또한 일어나지 않은 일임을 자각하죠.

이런 식으로 알아차림을 더욱 명료하고 세밀하게 경험해 들어갈 필요가 있습니다. 숨이 들어올 때 우리 몸이 어떻게 움직이는지, 숨이 나갈 때는 어떤 형태로 나가는지 더 미세하게 알아차리게 됩니다. 소리 또한 큰 소리만 인식되다가 나중에는 미세한 소리까지 알아차려지죠. 알아차림이 더욱 세밀해지면 더 멀리, 더 미세한 소리까지 감지됩니다. 촉감도 마찬가지죠. 숨에 따라 움직이는 몸의 움직임, 무릎이 바닥에 닿는 느낌, 나를 에워싸고 있는 공기의 온도나 바람. 이 모든 느낌이나 변화가 오감을 통해 고요하고 미세하게 알아차려집니다. 명료하고 세밀한 알아차림이 깊어지면 그 범위 또한 점점 확장되죠.

알아차림의 범위가 넓어지고 명료해지면 깊이 또한 깊어짐을 느낄 수 있습니다. 순수의식에 더 가까이 간다고 할 수도 있고, 알아차림의 무게중심이 옮겨간다고 할 수도 있죠. 알긴 아는데 뭔가가 떨어져 나갑니다. '내가 알아차린다' 하는 알아차림의 주체가 문득 사라져 버리죠. 그저 아는 것만 있는 겁니다. 오감으로 느껴지는 모든 것이 차별 없이, 평등하게 감지되면서 어느 한 곳에 특정되지 않죠. 알긴 아는데 뭔가가 다릅니다.

그런 순간이 늘어나면서 갑작스런 이해가 생겨나죠. 앉아서 명상할 때뿐만 아니라 평소 궁금했던 내용들이 갑자기 이해되는 순간이 자주 옵니다. 나 자신에 대해, 세상이 돌아가는 이치에 대해 '아하!' 하는 순간들이 생기죠. 알아차림의 범위가 늘어나고 미세하고 명료해지는 만큼 우리 지혜의 안목이 넓어집니다.

지금껏 보고 싶은 것만 보고, 듣고 싶은 것만 듣고, 매사를 나의 안위, 이익, 기호 등을 중심으로 바라보던 안목에 변화가 생기는 거죠. 내 중심이 아니라 있는 그대로를 보는 일에 익숙해집니다. 한 번 더 강조하지만 알아차림이 명료해지기 시작하면 계속해서 더 넓고 세밀하게 알아차리는 마음의 힘을 계발해 나가야 합니다.

더 고요하고, 미세하게. 명료하면서 깊고 광범위하게 알아차림의 힘을 키워나가야 하죠.

11
알아차림에서
꿰뚫어 봄으로 ★

명상이 조금씩 깊어지면 산란하던 생각들이 가라앉으며 알아차림이 명료해집니다. 자기가 무슨 생각을 하는지, 무엇을 느끼는지 분명하게 의식하죠. 그 알아차림이 점점 미세하고 명료해질수록 새로운 변화가 따라옵니다. 알아차림이 광범해지고 현재에 집중되면서 마음이 미래나 과거로 달아나는 일이 점점 줄어들죠.

그렇게 마음이 현재에 깨어있으면 지금 여기에 실재하는 모든 존재와 현상을 꿰뚫어 보는 마음의 힘이 생겨납니다. 통찰력이 깊어지는 거죠. 그렇게 통찰력이 생기면 단순하게 알아차림이 깊어지는 것과는 조금 달라집니다. 그저 알아차림의 범위와 정도가 깊어지는 것과는 차원이 다르게 모든 존재와 현상의 관계성까지 알게 되죠. 단순한 알아차림에서 더 깊이 꿰뚫어 보는 마음의 힘이 생기는 겁니다. 내 마음의 움직임이나 세상의 이치에 대해 조금 다른 차원의 이해를 하는 거죠.

이러한 통찰력이 활성화되면 명상을 통한 깨달음의 문이 열리기 시작합니다. 아침에 잠에서 깨어나면서, 명상이 끝난 후, 길을 걷다 갑자기 모르던 것이 알아지고 새로운 지각이 열리죠. 억지로 또는 노력해서 되는 것이 아니라 알아차림이 깊어지면서 자연스럽게 생겨나는 지혜의 결과입니다.

통찰력이 깊어지는 중요한 요소는 '의문'입니다. 평소에 나와 세상 모든 존재와 현상의 변화에 대해, 일상에서 마주하는 각종 문제와 고통에 대해, 삶의 의미에 대해 등등. 의문을 갖고 있으면 통찰력이 계발되는데 큰 도움이 되죠.

꿰뚫어 보는 힘. 이 통찰력은 우리 본성이 원래부터 갖고 있는 중요한 능력입니다. 끌리고 가리고 흔들리는, 작고 제한된 나를 내려놓음으로써 본성이 회복될 때 자연스럽게 발휘되는 능력이죠. 이 본성과 맞닿는 시간이 늘어날수록 우리의 한계를 뛰어넘습니다. 무한한 잠재력과 총섭적 안목이 열리는 거죠. 자연스럽게 창의성이나 직감, 영감도 발휘됩니다. 평소의 생각으로는 얻기 힘든 아이디어가 문득문득 떠오르죠. 집중력도 향상됩니다. 깊이 꿰뚫어 보는 힘이 몰입감을 더해주기 때문입니다.

이런 통찰을 얻으면 개인은 비로소 전에 없던 능력을 발휘하며 점점 자유로워집니다. 검증되지도 않은 어떤 신념이나 가치를 따르다가 저절로 알아지는 통찰력으로 스스로 판단하고 책임지는 삶이 가능해지죠. 우리 스스로 확신이 없기 때문에 남의 눈치를 보고 삽니다. 남들 또한 정답을 아는 것도 아닌데 말이죠.

하지만 명상을 통해 존재와 현상의 이치를 꿰뚫어 보는 힘이 생기면 달라집니다. 누가 뭐라고 해도 흔들림 없는 길이 보이는 까닭이죠. 비로소 스스로 선택하고 책임지는 삶을 살게 됩니다. 이러한 개인이 늘어나고 그 선한 영향력이 세상을 향할 때 세상도 더욱 발전하고 개선되죠. 결국 명상은 개인적으로 더 나은 사람, 사회적으로 더 좋은 세상을 이끄는 근원적인 힘이 됩니다.

명상이 등산이라면 통찰은 산을 높이 오를수록 확장되는 열린 시야와 같습니다. 점점 보이는 것이 늘어나죠. 높고 트인 곳으로 올라갈수록 안목이 열립니다. 마침내 산 정상에 오르면 360도 전경을 볼 수 있죠. 그때 보이는 풍경은 산 아래나 중턱에서 보던 장면과는 확연히 다릅니다. 그 다른 풍경을 보면 자신감이 생기고 자기 길을 걸을 수 있죠. 비로소 자유로워지는 겁니다.

명상을 하다 보면 멈추고 싶은 순간이 많습니다. 안주하고 싶은 유혹도 많죠. 하지만 이러한 총섭적 지혜를 통한 자유를 얻을 때까지 노력을 쉬지 않아야 합니다.

고요에서 알아차림, 알아차림에서 통찰로 계속 나아가야죠. 명상이 주는 고요의 편안함이나 알아차림의 명료함에 안주하지 말아야 합니다. 안주하고 싶죠. 그 상태만으로도 너무 고요하고 평온하니까요. 하지만 거기서 한발 더 나아가야 합니다. 꿰뚫어 보는 통찰을 통한 자유로운 삶으로 나아갈 때까지 앉아서 하는 명상뿐 아니라 삶 속에서도 지속적인 의문을 가지고 삶의 진실을 향한 관심과 노력을 쉬지 않아야 하죠.

그러니 우선 자리에 앉으세요. 앉아서 쉬고 쉬면서 흔들리고 요란한 마음이 고요해지기를 기다리세요. 마음이 고요해지면 마음에 어떤 풍경이 스쳐 지나가는지 알아차리세요. 집착 없이, 편견 없이, 분별없이, 개입하지 말고 그저 알아차리는 거죠. 우선 이렇게 알아차리는 것이 중요합니다. 알아차리기가 쉽지도 않죠.

하지만, 이러한 단편적인 알아차림만으로는 삶의 비밀이나 지지고 볶는 일상의 문제를 해결할 수 있는 지혜의 힘이 자라기엔 충분하지 않습니다. 알아차림을 더 미세하고 명료하게 하면서 모든 존재와 현상의 관계와 변화까지 알아차리는 통찰로 나아가야 합니다. 더 깊고, 고요하고, 명료하게. 더 미세하고 광범위한 몰입이 필요하죠.

이 또렷하게 알아차리는 마음의 힘으로 모든 존재와 현상의 연관 관계나 변화되는 이치까지 꿰뚫어 보는 지혜의 힘이 생길 때까지 안주하거나 해이해지지 않도록 깨어있어야 합니다.

그래야 내가 누구인지, 우리 삶에서 마주하는 모든 존재와 그 관계, 우리에게 다가오고 멀어져 가는 모든 일에 어떤 견해와 안목을 가질 수 있죠. 그 안목을 깨달음이라고 할 수 있습니다. 그 깨달은 안목은 우리가 삶을 어떻게 살아갈지에 대한 해법을 줍니다. 비로소 자유죠. 이러한 자유를 위해 걸림 없는 지혜를 얻을 때까지 명상은 계속되어야 합니다.

빛이 밝게 빛나는 건 어둠이 있어서죠. 어둠 없이 그 빛은 아름다움을 발할 수 없습니다. 빛과 함께 어둠까지 함께 보는 것, 저 밝음의 배경까지 깊이 볼 수 있는 눈을 갖는 것, 그것이 명상적 안목입니다. 통찰력이죠. 꿰뚫어 보는 힘. 그러한 통찰 없는 명상은 1% 부족합니다.

12
일상을 빛내는
통찰과 지혜로 ★

명상하면서 졸지 않고, 해이하지 않고, 생생하게 깨어있는 마음으로 알아차리는 일은 중요합니다. 하지만 그보다 더 중요한 것은 이 알아차림을 일상생활로 가져가는 것이죠. 그래야 일상에서 시시각각 불어오는 바람을 마주하며 주도적으로 자신의 비전과 꿈을 실현해 나갈 수 있습니다.

평소에 알아차림이 없는 상태에서는 습관이나 감정, 욕심이나 집착이 우리의 판단과 행동을 주도합니다. 내 의지가 발휘되기도 전에 습관이나 감정, 욕심이나 집착에 따라 행동해 버리죠. 나중에야 후회하거나 정신을 차립니다. 그때는 자신의 잘못된 판단이나 행위가 초래한 결과를 온전히 감당해야 합니다. 내 삶이지만 내 마음대로 못 사는 현실이 되고 말죠.

그래서 우리는 명상을 통해 알아차림을 계발합니다. 적어도 내가 무엇을 생각하고, 무슨 일을 하려는지 스스로 알아차리는 힘을 계발하는 거죠. 그렇게 알고 있으면 어떠한 상황에서든 다양한 선택지를 가질 수 있습니다. 우리가 우리 삶의 주인이 되어 우리가 원하는 것을 선택하고 책임질 수 있는 거죠.

하지만, 단순한 알아차림만으로는 부족합니다. 그것은 있는 그대로 정보를 많이 갖고 있는 것과 같죠. 연관성을 갖지 않는 많은 정보 자체는 정보의 집합에 불과합니다. 요즘 흔히 말하는 빅 데이터가 단순한 데이터의 집합에 머문다면 그렇게 위력적일 수는 없겠죠. 정보는 관계에 의해서 힘을 형성합니다. 구슬이 서 말이라도 꿰어야 보배라는 말이 있듯이 구슬이 어떤 기준에 의해 연결될 때 비로소 그 가치가 드러나는 것과 같습니다.

깨어있음, 알아차림도 마찬가지입니다. 알아차린 모든 정보가 어떤 기준에 의해 재조합될 때 그 알아차림은 강력한 통찰력으로 발휘되죠. 그 통찰이 보통 사람의 일반적인 생각을 뛰어넘는 지혜로 기능하게 됩니다.

그 지혜가 궁극적으로 우리의 많은 의문을 해결하고 인생의 다사다난한 문제를 해결하죠. 더 나은 삶으로 나아갈 수 있는 안내자 역할을 하는 겁니다.

결국 지혜의 힘이 불필요한 고통을 덜고 자유롭고 행복한 삶으로 나아가게 합니다. 통찰이 중요한 이유죠. 우리 삶은 단순하지 않습니다. 무슨 일이 일어나는지를 알아차리는 것만으로는 부족하죠. 우리의 삶은 다사다난합니다. 수많은 일들이 시시때때로 일어났다 사라지죠. 하지만 그 속에 어떤 이치가 있습니다. 이 이치를 알면 길이 보입니다.

우리 삶에 왜 이런 일이 일어나며, 이 일과 저 일의 상관관계는 어떠하며, 어떻게 해야 불필요한 고통을 덜고 더 자유로울 수 있는지 알게 된다는 거죠. 그런 면에서 나와 세상을 꿰뚫어보는 능력인 통찰이 정말 중요합니다. 하지만 많은 사람이 명상이 주는 고요와 평온함에 안주합니다. 명상이 주는 심신의 안정이나 고요함이 주는 평화만으로도 너무 매력적이어서 그렇죠.

명상은 처음부터 끝까지 우리에게 도움이 됩니다. 하지만 그게 전부가 아니죠. 두려움 없고 자유로운 삶으로 이끌어 줄 통찰까지 나아가야 합니다.

고요, 알아차림, 통찰. 어디에서 안주할 것인가 하는 선택의 문제는 명상 수행자의 몫입니다. 이왕이면 총섭적 지혜라고 할 수 있는 통찰까지 나아갈 수 있기를 바랍니다.

넷.

삶의 터전에서 명상

01
껍질을 벗으며
성장하는 나무처럼 ★

'어쩌다 명상에 이렇게까지 빠져들게 되었을까?'

생각해 보니 그 시작이 명상은 아니었습니다. 어쩌다 여기까지 왔을 뿐 명상이 목적은 아니었죠. 에너지는 많은데 '어떻게 살아야 할지' 잘 몰라서 이것저것 배우고 실험했던 것이 결국 명상하는 삶으로 이어졌습니다.

결국 명상은 '나는 누구이며, 어떻게 살 것인가?' 그 질문에 답을 찾는 여정이었고 앞으로도 그럴 것입니다.

그래서 명상 앞에 늘 겸허해집니다. 갈 길도 멀다고 생각하죠. 앉아서 명상할 때는 몸과 마음의 긴장을 이완하면서 '나,

나를, 나에게, 내가' 등을 내려놓으려고 합니다. 그 나를 내려놓고 쉬면서 있는 그대로 세상을 온전하게 경험하려고 하죠. '내맡김'이라는 표현도 많이 씁니다. 모든 일을 멈추고 앉아서 '나'를 온통 내려놓고 '내맡기는 심경'으로 지금 이 순간 존재와 현상을 있는 그대로 경험하는 거죠.

방석을 떠난 삶 속에서는 온전해지려고 합니다. 마음이 과거나 미래로 돌아다니지 않고 몸이 있는 현재에 충실하게 살려고 하죠. 해야 하는 일, 하고 싶은 일, 지금 가진 것과 할 수 있는 일에 집중하려고 합니다. 그렇게 온 마음을 다해 살려고 노력하는 과정 자체가 공부이고 수행이죠. 그렇게 매 순간을 처음처럼 마지막처럼 온전하게 살려고 합니다.

동시에 늘 의문합니다. "이것이 최선인가?" 안일함이나 게으름 탓에 놓친 것이 있는지 살피죠. "어떻게 이렇게 되지?" 매사가 돌아가는 이치와 인과관계를 생각하며 배워나갑니다. "이 방법 말고 다른 대안은 없나?" 하던 대로 하지 않고 늘 새로운 방법을 모색합니다. "꼭 그렇게 했었어야 했나?" 최선이 아닐 수도 있었다는 생각이 들면 다음부터는 그러지 않으려고 노력합니다.

하루하루 일상에서 정신을 차리고 내 마음을 어떻게 사용하고 있는지, 어떻게 살고 있는지 의문하며 명상적 삶을 이어가죠. 그러면서 일상사에 매몰되지 않고 '나는 누구인가? 내 마음은 어디에 있는가?' 끊임없이 의문하며 조금씩 알아갑니다.

그렇게 몰랐던 것을 배우고, 잘못한 것을 인정하며, 새로운 방법을 모색하며 성장해 나가죠. 너무 매력적이어서 명상을 멈출 수가 없습니다. 끝나지 않는 여정이죠. 세상은 넓고 나는 작으니까요.

일상에서, 때때로 방석 위에 앉아 꾸준히 명상해 가다 보면 점차 나에 대한 이해가 깊어지고 어떻게 살아야 할지 조금씩 이해하게 되죠. 내 몸과 마음에 대한 이해가 깊어지면서 삶을 바라보는 안목, 세상을 대하는 태도에도 변화가 생깁니다.

예를 들어 우리 마음은 색깔도 테두리도 없지만 몸은 분명한 형체를 갖습니다. 그 몸으로 인해 우리는 개성을 갖죠. 마음이 담겨 있는, 각자 다른 몸이라는 그릇에 따라 개성과 특성, 재능이 생깁니다. 알맞은 역할이 주어지죠.

그래서 몸의 측면에서는 개성 가진 존재로 더 자기답게 살아갈 필요가 있습니다. 각자의 고유한 개성을 한껏 발휘하면서 재능과 소망과 사명을 실현하며 살아야 하죠. 하고 싶은 일을 하고, 되고 싶은 사람이 되고, 살고 싶은 삶을 살아가는 겁니다. 그런데 신기하게도 각자가 자기 삶을 행복하게 꽃피우도록 노력해서 피어나기 시작하면 결국 자연스럽게 서로에게 도움이 되죠. 삶에 필요한 역할을 나눠 가지며 서로의 생존이 가능하도록 돕는 겁니다.

하지만 마음은 조금 다릅니다. 서로 공유되어 있죠. 마음은 테두리가 없어서 나의 몸에만 갇혀있지 않습니다. 모든 곳에 두루 통하고 있죠. 그렇게 통하니까 서로 연결되는 특성으로 인해 우리는 서로에게 영향을 주고받으며 살아갑니다. 그런 까닭에 마음의 측면에서는 나뿐만이 아니라 모두가 행복할 수 있는 균형과 조화를 추구하며 살아가게 되죠. 하나로 통하는 마음 그것을 본성, 신성, 영성, 최고 의식이라고도 합니다.

이처럼 명상을 하는 이유는 나를 알고 세상을 알아서 나도 행복하고 모두가 함께 행복한 길을 찾아가기 위함이죠. 어떻게 하면 가장 나답게 살면서 행복하고 세상도 함께 행복할 수 있을지 늘 의문하며 배워나갑니다. 혼자 잘 먹고 잘 사는 것만으로는 뭔가 허전하죠. 몸은 흡족할지 몰라도 마음이 덜 행복할 테니 말입니다.

최근 연구에서 보면 2세 이전의 아이도 자기 간식을 다른 사람에게 줄 때 더 큰 행복을 표현했다고 하죠. 마음에는 나이가 없어서 어른이나 아이 할 것 없이 함께 행복할 때 더 큰 행복을 느끼나 봅니다.

그러니 명상을 멈출 수가 없습니다. 늘 껍데기를 벗으며 성장하는 나무처럼 삶의 진실을 향해, 진정한 행복을 위해 성찰하고 묻고 배우며 살아가는 거죠. 명상적인 삶이 이어지게 하는 겁니다. 몸의 측면에서 각자의 개성으로 더 자기답게 살고, 마음의 측면에서 모두와 함께 조화롭고 행복한 삶을 위하여 열린 마음으로 나아갈 뿐이죠.

02
지금 여기에
온전히 ★

명상의 핵심 중 하나는 지금 이 순간에 온전히 존재하는 일입니다. 살아 숨 쉬는 일상을 온 마음을 다해 살아가는 거죠. 일이 없을 때는 일이 없는 대로 자연스럽게 고요하고 한가롭게 삽니다. 일이 있을 때는 그 일 그 일 온 마음을 다해 몰입해서 살아가죠.

그런데 많은 사람이 일이 없을 때는 일이 없어서 불필요한 감정의 동요로 고통받고, 일이 있으면 또 일이 많다고 힘들어합니다.

일이 없으면 불안해서 가만히 있지 못하는 사람들이 있죠. 괜히 이불을 꺼내서 털고, 빨래하고, 요리하고. 계속 뭔가 일거리를 만들어서라도 바쁘게 움직입니다. 그래야 의미가 있다고 느끼기 때문이죠. 그런 사람은 일이 없으면 괜히 우울감이 엄습해 온다고 합니다.

'왜 나를 찾는 사람이 없지? 내가 인생을 잘못 산 건가?'

존재의 이유를 일이나 다른 사람에게서 찾으면 답이 없죠. 일이 없을 때는 자유롭고 한가한 순간을 누리면 됩니다. 일이 많거나 사람들 사이에 치여 꿈꾸던 혼자만의 시간이 바로 지금 그 순간일 수 있으니까요.

일이 있을 때는 그 일 그 일에 일심으로 몰입하면 마음이 한가합니다. 이 일을 하면서 저 일을 생각하고 저 일을 하면서 이 일을 생각하면 마음이 바쁘죠. 같은 일을 하면서도 하기 싫은 마음이 있으면 갈등하는 마음 탓에 일도 제대로 못 하면서 마음은 분주하고 쉽게 지칩니다. 일이 많더라도 온전한 마음으로 일을 하면 좋은 성과를 내면서 마음에 기쁨이 차오르죠. 성취감이 행복감을 불러온 덕분입니다.

일이 있을 때나 일이 없을 때 온전한 마음으로 살아가기 위해 호흡과 함께 현존하는 명상을 하는 것이 도움 됩니다. 우리는 잠깐이라도 숨을 쉬지 않으면 목숨을 이어갈 수 없습니다. 늘 숨을 쉬고 있죠. 그 숨을 인식하는 것만으로도 마음은 현재에 집중하기가 쉬워집니다.

목과 가슴 주변에서 헐떡이거나, 불규칙하고 거친 호흡이 있죠. 환자라면 어쩔 수 없지만 마음이 바쁘거나 강박관념을 갖고 있으면 호흡이 거칠고 가쁘죠. 물리학적으로는 위치에너지가 높은 상태여서 언제 어떤 돌발적인 행위를 할지 모릅니다. 반면에 고요하고 안정된 호흡이 있죠. 안정된 호흡을 하는 사람은 삶도 안정되고 평화롭게 유지할 가능성이 높습니다.

가리거나 끌리거나 흔들리지 않고 지금 이 순간 온전히 존재하는 마음의 힘을 갖추려면 호흡에 관심을 갖고 호흡을 길들이는 것에서부터 시작할 수 있습니다. 호흡하는 요령을 정리해 볼까요? 우선 자세를 바르게 하고, 온몸의 긴장을 내려놓습니다. 무형의 스트레스와 마음의 긴장이 유형의 몸에 흔적을 남기죠. 알게 모르게 받은 스트레스나 심리적 갈등이 표정을 차갑거나 딱딱하게 만듭니다. 어깨나 목의 근육을 굳게 하며 심할 경우는 통증을 느끼죠.

호흡을 챙길 때는 몸과 마음의 긴장된 부위를 하나씩 알아차리고 편안하게 이완합니다. 꽉 다문 입술, 찡그린 미간, 굳어있는 표정, 어깨가 위로 당겨 올라가거나 목이 뻣뻣하게 굳은 느낌이 들면 호흡을 내쉬면서 이완하면 도움이 됩니다. 특히 내쉬는 숨을 조금 깊고 길게 내쉬면 이완이 쉽죠.

마음에 집착이나 생각이 많을수록 긴장을 많이 합니다. 고집이 셀수록, 내 방식의 주장이 강할수록 긴장의 강도는 심해지죠. 마음을 여유 있게 가지고 호흡을 챙기는 그 순간만큼은 '꼭 그래야 한다'라는 생각을 내려놓고 '쉬고 쉬는 일'에 자신을 맡겨보세요.

쉬는 일이 익숙하지 않아서 아무리 쉬려고 해도 쉬어지지 않는 사람이 있습니다. 호흡에 집착하여 배에 힘을 주기도 하죠. 명상의 중요한 개념 중 하나는 '쉬고 쉬는 일(休歇)'입니다. 마음을 쉬고, 생각을 쉬고, 고집과 집착을 내려놓고 쉬는 거죠. 그저 그렇게 마음을 내려놓고 쉽니다. 그렇게 쉬고 쉬면서 얼굴과 어깨, 목과 등, 온몸의 긴장을 이완하며 편안하고 깊은 명상의 상태로 들어갈 수 있죠.

눈은 떠도 되고 감아도 됩니다. 자연스럽게 코로 숨이 들어오고 나가도록 내버려 두고 의식은 배꼽에서 손가락 세 마디 내려간 단전 부위에 두고 숨결을 느껴봅니다.

잡념이 일어날 수도 있고 집중이 안 될 수도 있죠. 몸이 가렵다든지, 움직이고 싶다는 생각이 날 수도 있습니다. 잡념이 일어난다거나 집중이 안 되는 사실에 집착하면 우리의 마음을 또다시 빼앗기게 됩니다. 그럴 때일수록 너무 잘하려는 강박관념을 내려놓고 편안하게 호흡을 느끼며 자연스럽게 그저 존재하세요. 호흡을 하는 것이 아니라 호흡을 바라보며 지금 이 순간 존재하는 것만을 느끼는 겁니다.

단전이나 호흡에 지나치게 신경 쓰거나 잡념을 없애려는 노력을 하면 할수록 긴장되죠. 심할 경우는 머리가 아픕니다. 모든 애씀을 내려놓고 자연스럽고 편안하게 이완하는 것이 중요하죠. 여건상 따로 시간을 할애해서 특별한 장소에 앉아서 명상할 수 없는 경우라면 때때로 '멈추어 고요히 호흡하며 지금 이 순간에 온전히 존재하는 일'이 크게 도움이 됩니다.

하루에 한 번만이라도 호흡을 챙기며 지금 여기에 온전히 존재하는 것을 연습해 보세요. 일상이 안정되고 흔들림이 확연히 줄어듭니다. 일이 있을 때나 없을 때, 앉으나 서나, 말할 때나 침묵할 때, 어떤 경우에도 생생하게 깨어서 온전하게 존재하는 법을 익혀보세요.

03
바쁜 게 중요한 것이 아니라 ★

가진 것이 많지 않아도 명상하는 사람은 자주 행복합니다. 매 순간의 온전함에서 비롯되는 행복을 만끽한 덕분이죠. 불필요한 후회나 걱정이 많지 않아서 순간순간의 사소한 행복이 몸과 마음으로 뿜어져 나옵니다.

우리 마음은 참 분주하죠. 과거와 현재, 미래를 오가며 수도 없이 이야기를 만들어 냅니다. 쉴 새 없이 후회하고 걱정하고 계획을 세우죠. 오히려 일이 없으면 불안하고 허전할 지경입니다.

'날 채워줄 수 있는 게 뭐가 있을까?'

먹잇감을 찾아 헤매는 야생동물처럼 여기저기 기웃거리죠. 취미생활을 늘려 보고, 새로운 사람을 만납니다. 성과를 낼 수 있는 일에 매달려 보기도 하고, 실컷 먹고 마시고 놀아도 보죠. 그렇다고 채워질 허기가 아닙니다. 몸은 바쁘고 피곤한데 마음은 좀처럼 충만감이 없죠. 종종 우울하고 의욕이 떨어집니다. 행복해지려고 하는 그 모든 노력이 오히려 행복으로부터 멀어지게 한다는 느낌을 떨칠 수가 없습니다.

이유가 있습니다. 길을 잘못 들었기 때문이죠.
독수리를 보려면 산으로 가야 하고, 고래를 보려면 바다로 가야 합니다. 행복을 바란다면 행복할 수 있는 길로 접어들어야죠. 무엇이든 애타게 구하는 마음으로는 우리가 바라는 행복에 이를 수 없습니다. 다가가면 멀어지는 신기루처럼 멀어질 뿐이죠. 그러니 지금 여기에서부터 차근차근 행복에 다가가는 법을 익혀야 합니다.

중요한 건 단순함과 온전함입니다. 정신 차리고 자기 삶에 가지치기를 해야죠. 선택과 집중이 필요합니다. 소중하고 가치 있게 여긴 것은 남기고 아니라고 생각되는 것은 처분이 필요하죠. 정리가 안 된 방을 생각해 보세요. 여기저기 물건들이 제자리를 찾지 못하고 어수선하게 널려있으면 그 방에 있는 것 자체가 불편하고 정신이 산만할 겁니다. 무슨 물건이 어디 있는 지 찾기도 어렵죠. 쓰려고 구입한 물건이지만 내가 필요할 때 마음대로 쓸 수도 없는 노릇입니다. 늘 적절한 처분과 정리가 필요합니다. 자기 삶에 중요하다고 생각되는 것은 남기고 그렇지 않다고 생각하는 것은 과감하게 처리를 해야죠.

그와 같이 우리의 마음도 청소가 필요합니다. 욕심과 의욕을 지혜롭게 판단해서 과한 욕심은 정리할 필요가 있죠. 이 일 저 일 벌여놓기만 하고 추진 못하고 있다면 과감한 결단이 필요합니다. 다 가지려는 것도 욕심이고, 모두 내 뜻대로 되기를 바라는 것도 욕심입니다. 순리를 따라잡을 수 있는 것은 잡고 포기할 수 있는 것은 포기해야 합니다.

그렇게 청소하고 정리하면 삶과 마음이 단순해집니다. 마음을 내서 가지치기를 하면 남아있는 것에 온전함을 기울이기가 수월하죠. 해야 할 일이 너무 많다면 누구라도 그 모든 것에 온전하기는 어려울 테니까요. 과한 욕심이 초래한 번거한 것들을 삶 속에서 실질적으로 정리해야 합니다. 정리를 했는데도 남아있는 것에 대해서는 온전할 수 있는 마음의 힘을 기르는 것이 필요하죠.

사람을 만날 때는 그 사람에게 온전히 귀 기울이고 주의를 기울입니다. 일할 때는 그 일 그 일에 일심으로 집중하죠. 업무를 볼 때, 운전할 때, 청소할 때, 전화 통화를 할 때, 밥 먹을 때, 심지어 길을 걸을 때조차 그 하는 일에 온전하게 집중합니다. 그렇게 한 번에 한 가지씩 단순하게 온전함을 기울이면 예상하지 못했던 효과들이 있죠.

무엇보다 마음이 산란하지 않습니다. 고요하고 평온하죠. 할 일을 하면서도 마음에 흔들림이 없어지는 겁니다. 마음에 흔들림이 없으면 효율이 높아지고, 효율이 높아지면 많은 일을 쉽게 처리할 수 있죠.

현대인들이 쉽게 헷갈리는 착각이 있습니다. 여러 가지 일을 동시에 하면 효율이 높을 거라는 막연한 믿음입니다. 멀티태스킹이 비효율이라는 연구 결과가 여기저기서 발표되고 있습니다. 멀티태스킹을 하는 줄 알지만 사실은 동시에 일을 하는 것이 아니라 지속적으로 주의를 옮겨가며 일 처리를 하고 있다는 것이죠. 그렇게 주의를 옮겨가며 일을 하면 그만큼 효율이 떨어진다는 결론입니다. 결국 한 번에 하나씩 온전하게 처리하는 일이 더 효율적이라는 거죠.

헨리 데이비드 소로는 '바쁜 것이 중요한 것이 아니라 무엇을 하면서 바쁜지가 중요하다'고 했습니다. '개미도 하루 종일 바쁘지 않으냐'며 말이죠. 하는 일의 가지 수만 많고 바쁘기만 한 삶은 피곤하기만 할 뿐 평온함이나 행복을 맛보기가 쉽지 않습니다. 결국 욕심이 문제입니다. 욕심이 있으면 매 순간 온전할 수 없죠.

삶이 번거하고 행복하지 않다고 느껴진다면 스스로를 점검해 봐야 합니다. 정리해야 하는 것이 무엇인지, 내가 욕심부리고 있는 것이 무엇인지를 살펴봐야죠. 그렇게 자기 성찰을 통해 삶과 마음을 단순화하고 그 일 그 일에 온전하게 온 마음을 다하는 겁니다.

명상은 눈 감고 고요히 앉아 있는 일에만 한정되지 않습니다. 늘 깨어있는 마음으로 삶과 마음을 끊임없이 돌보는 일입니다. 우리가 진심으로 원하는 행복의 길로 늘 궤도수정을 하며 한 발 한 발 나아가는 끝나지 않는 여행이죠.

04
남편과 대화하며, 아이와 놀아주며 ★

명상을 하려고 계획한 시간인데 남편(아내)에게 일이 생겼습니다. 갈등이 되죠. 명상을 해야 하나, 남편(아내)과 이야기를 해야 하나. 아이를 재우고 명상을 하려는데 아이가 좀처럼 잠이 들지 않습니다. 하루 종일 엄마(아빠)를 기다리던 아이는 엄마(아빠)랑 노는 게 너무 행복해서 늦도록 자려 하지 않죠. 직장인 엄마(아빠)는 갈등합니다. 명상을 해야 하나, 아이랑 놀아야 하나. 어떻게 하는 것이 좋을까요?

제일 좋은 건 가족을 돌보며 명상하는 겁니다. 남편(아내)과 대화도 하고, 아이와 놀아주면서 명상을 하는 거죠. "그게 가능하다고요?" 물론 가능합니다. 명상에 대한 인식의 문제죠. 명상은 '눈 감고 아무 일도 안 하고 그냥 앉아 있는 것'만이 아닙니다. 오히려 명상은 앉거나 눈을 감는 등 형식의 문제라기보다 행위를 하고 있는 마음 상태에 해당하는 문제죠. 언제 어디에서 무슨 일을 하든 명상적인 마음 상태에 있을 수 있다면 명상이라고 할 수 있다는 말입니다.

눈 감고 조용히 앉아서 명상할 때의 마음이나 남편(아내)과 대화하거나 아이와 놀아줄 때 마음 상태가 같다면 둘 다 명상하고 있는 상태죠. 모든 일을 멈추고 눈 감고 조용히 앉아서 명상할 때는 몰입과 알아차림과 내맡김 등이 중심이 됩니다. 아이와 놀아줄 때나 남편(아내)과 대화할 때도 마찬가지죠.

남편(아내)과 대화할 때 일심으로, 남편(아내)이 무슨 말을 하는지 온 마음을 다해 이해하면서, 남편(아내)의 상황과 입장을 이해하고 그(그녀)의 판단을 존중하며 귀 기울여 줍니다. 필요하다면 내 입장이 아니라 그(그녀)의 입장에서 일심으로, 깨어서, 열린 마음으로 진심 어린 조언을 해줄 수도 있죠. 남편(아내)과의 대화 명상이라고 할 수 있습니다.

아이와 놀아줄 때도 마찬가지입니다. 일심으로 온 마음을 다해 아이와 같은 순수한 마음으로 놀아주고 함께 해주는 거죠. 몸은 아이와 놀면서 마음이 다른 생각을 하고 있다면 아이도 엄마(아빠)의 부재를 금방 눈치 챕니다. 마음이 다른 곳에 가 있는 상태로 놀아주니까 아이도 허기가 지죠. 만족도가 떨어져서 더 놀아달라고 보챕니다. 그에 반해 엄마(아빠)가 명상하는 심경으로 온전하게 놀아주면 아이도 만족도가 높아지죠. 모두의 행복을 위한 명상이 되는 겁니다.

중요한 것은 명상하듯 대화하고 놀아준다는 사실이죠. 쉽지는 않습니다. 가족이라 너무 편하니까 명상한다는 생각을 잊어버리고 일상성에 떨어질 수 있죠. 예를 들어 남편(아내)과 대화하면서도 온전하게 집중하지 못할 수도 있고, 남편(아내) 입장을 빈 마음으로 충분히 이해하려 하지 않고 자신의 해법을 성급하게 제시할 수도 있습니다.

아이도 마찬가지죠. 명상하고 싶은데 아이와 놀아줘야 하니까 마지못해 놀아준다거나 놀아주면서도 다른 생각을 하거나 빨리 자라고 계속 재촉할 수도 있습니다. 이런 경우는 둘 다 잃는 경우죠. 남편이나 아이에게 도움 되지 않을뿐더러 명상할 시간마저 잃어버린 격입니다.

그러니 바쁘게 일하면서 가사와 육아를 겸해야 하는 상황에서는 '앉아서 하는 명상'에 너무 연연하지 않아도 됩니다. 형편 되는대로 앉아서 하는 명상과 생활 속 명상을 병행해 나가는 거죠. 어떤 분은 앉아서 하는 명상에 단 몇 분의 시간도 할애하기가 힘들 수 있습니다. 그럴 때는 차라리 마음 편히 삶 자체를 방석이라 생각하는 게 좋죠. 지지고 볶는 일상의 다사다난한 일 속에서 내 마음을 똑바로 바라보며 생생하게 깨어서 일심으로 마주하며 살아가는 겁니다.

그렇게 일상에서 명상적 태도를 잊지 않고 마음을 단련하다 보면 방석 위에 앉았을 때도 마음이 더 잘 보이죠. 마음이 잘 보이면 내 마음을 마음대로 쓸 수 있는 가능성도 커집니다. 생각이나 감정에 휘둘리지 않고 마음을 주도적으로 쓰는 거죠. 자유롭고 지혜로운 삶에 다가가고 있는 겁니다.

문제는 바쁘다는 이유로 더 정신없이 사는 경우입니다. 이런 사람일수록 시간을 내서 방석에 앉아야죠. 하던 일을 멈추고 마음을 고요히 가라앉히면 자기 삶이 제대로 보입니다. 왜 바쁜지, 무엇 때문에 바쁜지, 꼭 바빠야 할 상황인지, 중요한 것이 무엇인지 자각이 생기죠. 본인이 알면 해결책도 스스로 찾을 수 있습니다. 자기를 아는 일이 급선무죠.

본인이 어떤 상황인지 잘 알아서 자신에게 맞는 명상을 해나가는 것이 중요합니다. 너무 바빠서 고요히 앉을 수 있는 시간이 없다고 명상 자체를 포기하지는 말기 바랍니다. 명상적 삶을 잊어버리지만 않을 수 있다면 문제 될 것이 없으니까요.

05
농사짓는 사람이
밭을 고르듯이 ★

겨우 명상 좀 해보려고 앉았는데 생각처럼 쉽지 않습니다. 명상을 하는지 자고 있는지 모를 만큼 졸리기도 하고, 이 생각 저 생각 자꾸 생각이 나서 성가신 경우도 있죠. 몸 여기저기가 쑤시고 불편해서 도저히 마음을 들여다볼 여유가 없을 때도 있습니다.

왜 그럴까요? 명상을 하려는데 졸리고, 너무 생각이 많고, 몸이 불편한 이유. 어떻게 하면 몸도 마음도 편안하게 명상에 몰입할 수 있을까요?

방법은 평소 생활을 돌보는 일입니다. 평상시 삶의 태도가 명상에 정확하게 반영되죠. 평소에 과로하는 사람이 명상하려고 앉으면 이완이 되면서 잠이 오거나 몸 여기저기가 쑤시는 것은 당연합니다. 평소에 관여하는 일이 많거나 해결해야 할 문제나 욕심이 많다면 당연히 생각이 많이 나죠. 명상은 거울 같은 역할을 합니다. 있는 그대로 본인 모습을 비춰주죠.

그러니 명상을 하려고 마음먹은 사람은 평소 생활도 함께 돌볼 필요가 있습니다. 마치 농사를 짓는 사람이 씨를 뿌리기 전에 풀을 뽑고 돌을 가려내며 밭을 골라주듯이 말이죠. 과로나 과식을 피하고 불필요한 일을 줄여서 몸에 피로를 줄여야 합니다. 마음도 마찬가지로 욕심을 줄이고 후환을 남길만한 일에 개입하지 않는 삶의 태도가 필요하죠.

'존절(撙節)'이라고 합니다. 나와 상관없는 일, 불필요한 일, 하지 말아야 할 일 등을 줄여서 몸과 마음을 과도하게 사용하지 않는, 절제하는 삶의 태도를 말하죠. 늘 바쁘다는 말을 입에 달고 사는 분들을 보면 같은 일을 하더라도 마음이 급한 경우가 많습니다. 또는 상관하지 않아도 될 일에 개입해서 불필요한 감정 소모를 하거나 하지 말아야 할 일을 해서 생긴 후환으로 번거로운 생활을 하는 분들이 많죠.

명상을 하려고 마음을 먹었다면 삶 속에서 과도하거나 불필요한 일을 줄이는 것을 병행해야 합니다. 할 일과 하지 말아야 할 일에 대한 분별력을 가지고 해야 할 일은 하고 하지 말아야 할 일은 하지 않아야 하는 거죠. 명상을 잘하려면 어느 정도 삶 속에서 조율이 필요합니다. 해야 한다고 생각하는 일도 진짜 해야 하는 일인지, 욕심인지 스스로 알아차려서 정리할 수 있는 것은 정리해야죠.

하지만 당장 일을 줄일 수가 없어서 피곤하고 졸리지만 그래도 명상을 하고 싶은 사람도 있습니다. 할 수만 있다면 너무 피곤하지 않은 상황을 만들면서 명상하면 좋죠. 하지만 그러기 힘들다면 쉬는 명상으로 몸과 마음의 피로를 푸는 휴식 명상을 할 수도 있습니다.

중요한 것은 몸이 너무 피곤한데 명상까지 잘하려는 마음으로 몸과 마음을 혹사하지 않는 거죠. 명상을 잘하는 사람은 몸이 피곤해도 명상을 잘할 수 있는 노하우가 있습니다. 하지만 초보자의 경우 너무 피곤한 상태에서는 명상을 잘하기가 어렵죠. 그럴 때는 오히려 쉬면서 몸과 마음을 회복하는 것이 낫습니다. 일종의 휴식 명상이죠.

몸이 너무 피곤할 때는 이 휴식 명상이 큰 도움이 됩니다. 몸과 마음이 편안하도록 눕거나 앉아서, 입을 조금 벌리고, 최대한 이완한 상태로 아무것도 안 하는 시간을 갖는 거죠. 호흡이나 알아차림 등에 신경 쓸 필요도 없습니다. 몸과 마음을 긴장시키거나 신경 쓰이게 하는 모든 요인을 내려놓고 완전한 휴식을 취하는 거죠.

무슨 일이든지 과한 것은 부족함만 못하다는 말이 있습니다. 명상을 하고자 하는 사람이라면 어떤 식으로든 몸과 마음의 과도한 사용은 조율할 필요가 있죠. 어디까지가 적당하고 어디까지가 과한지 판단하는 것이 쉽지 않지만 말입니다.
어떻게든 과로나 육체적 피로를 조장하지 않는 생활로 삶의 방식을 조절해서, 명상을 하려고 앉았을 때는 몸도 마음도 편안하여 몸이 잊히는 명상을 하는 것이 좋죠.

무분별한 육체적 행동이나 불필요한 일에 관여하여 후환을 남기지 않으려면 지혜가 필요합니다. 무엇을 하고 무엇을 하지 말아야 할지 제대로 알아야 하는 거죠. 마음의 힘도 필요합니다. 아는 걸 실천할 수 있는 마음의 힘 말이죠. 이 또한 명상의 중요한 요건입니다. 명상을 앉을 때만 하는 것이 아니라 일상에서도 균형 잡힌 삶이 되도록 지혜롭게 사는 것도 필요하죠.

앉아서 명상할 때 밀려드는 졸음이나 몸의 불편함, 쉴 새 없이 일어나는 잡념을 마주하게 되면 우리의 삶을 돌아볼 필요가 있습니다. 지금 하는 일이 또는 우리가 살아가는 방식이 꼭 그래야 하는지 점검해 보는 거죠. 불필요한 일을 줄이고, 하지 말아야 하는 일은 하지 말아야 하는 겁니다.

그렇게 무리하지 않는 삶으로 조절하게 되면 앉아서 하는 명상이 훨씬 수월해집니다. 몸과 마음의 편안함이 불러오는 명상의 즐거움을 느낄 수 있죠. 명상에 몰입 또한 한결 쉬워집니다. 급한 마음을 내려놓고 삶을 고르면서 천천히 제대로 된 명상을 할 수 있는 조건을 갖추어 나가는 것이 중요합니다.

06
정신 차리고
대응하기 ★

명상을 오래 한 사람들의 공통점이 있습니다. 바로 안정감이죠. 사람마다 차이는 있겠지만, 왠지 모를 흔들림 없는 힘을 발견할 수 있습니다. 어느 방향으로 밀어도 넘어지지 않는 오뚝이처럼 웬만한 외부 상황이나 자극에 크게 영향을 받지 않죠. 명상을 통해서 감정의 동요나 욕심에 방해받지 않고, 있는 그대로를 보고 자기의 의지에 따라 '대응'할 힘이 길러진 덕분입니다.

많은 사람이 어떤 일이 일어나면 그 상황을 있는 그대로 인식하지 못하죠. 특히 불리하거나 불편한 상황에서는 더욱 예민합니다. 순간적으로 과거의 실패했던 경험이나 미래에 끼칠 악영향을 걱정하며 과도하게 '반응'하는 거죠. 부풀려진 불안 때문에 본인의 의지가 끼어들 틈도 없이 서둘러 '반응'을 해버립니다.

하지만 명상하는 사람은 정신 차리고 '대응'합니다. 최대한 있는 그대로 사실에 집중하고, 균형 있게 전후좌우 상황을 살핀 후, 자신의 의도에 따라 판단하고 선택적으로 '대응'하는 거죠. 빠르고 명확하게 이 모든 과정이 진행됩니다. 명상하는 사람이 갖춘 마음의 힘이죠. 평소 명상에서 단련된 마음의 힘이 실제 상황에서 이렇게 발휘되는 겁니다.

명상은 살던 대로의 익숙한 방식, 고정관념, 선입견, 편견 등을 내려놓고 있는 그대로 실상에 눈뜨게 하는 훈련 과정입니다. 불필요한 생각이나 감정의 거품을 빼고 정신을 차리고 실제 상황에 대응할 수 있는 힘을 길러주는 거죠.

눈 감고 조용히 앉아 있기만 하는 것이 아닙니다. 겉모습은 고요히 앉아 있지만 마음속에서는 고요한 혁명이 일어나고 있는 거죠. 내 방식, 내가 중요하게 생각하는 가치, 나 중심의 모든 기준이 유연해지고 허물어지면서 '있는 그대로 실상'을 균형 있게 보고 판단할 수 있는 안목을 갖추게 되는 겁니다.

예를 들어 볼까요? 캐나다 여행 비자를 신청하고 결과를 기다리는데 허가가 떨어지지 않는 겁니다. 홈페이지에는 분명히 72시간 내에 결과를 알려준다고 했는데 말이죠. 이틀이 지나고 사흘이 지나면 불안감이 엄습합니다. '이러다 비자가 안 나오면 어떡하지? 왜 안 나오지? 어디서 잘못된 거지? 비행기 표를 취소해야 하나?' 가만히 놔두면 생각이 어디까지 뻗칠지 모르죠. 정신을 차려야 합니다.

정신을 차려 지금 일어나고 있는 사실과 내가 할 수 있는 일에 집중해야죠. '비자는 시간이 걸리는 상황일 뿐 잘못된 결과가 나온 건 아니다. 캐나다 여행을 계획은 했지만, 못 갈 수도 있다. 비자 결과에 따라 어떻게든 맞춰나갈 수 있다.' 이렇게 마음을 대범하게 먹고 더 이상 정신을 뺏기지 않습니다. 비자뿐만이 아니죠. 인생의 어떤 문제라도 이런 식으로 직면할 수 있는 겁니다.

여기에서 '반응'과 '대응'을 좀 더 구체적으로 이해할 필요가 있습니다. 사전적 의미를 살펴보죠.

반응(reaction) : 자극이나 작용을 받아 어떤 현상이 일어남
대응(response) : 어떤 일이나 사태에 나름의 태도나 행동을 취함
반응은 생존을 위해 뇌가 발달시켜 온 본능적인 생명 작용이

라고 할 수 있습니다. 예를 들어 들판에서 적을 만났어요. 위험에 처했으니 시간이 없습니다. 싸울 것이냐 도망갈 것이냐, 즉각적인 판단과 행동이 필요하죠. 전후좌우 살필 겨를이 없습니다. 위기 상황이니 당연히 그렇게 해야죠. 생명을 지키기 위한 자연스러운 행동 방식인 셈입니다.

하지만 평소에는 조금 다릅니다. 실제 상황, 나의 의도, 선택의 결과가 미칠 영향 등을 충분히 고려해서 대응할 수 있다는 거죠. 반응과 대응의 결정적인 차이는 하나입니다. 주체적으로 선택하느냐 선택권 없이 무조건적으로 반응하느냐입니다. 반응은 자극에 앞뒤 헤아림 없이 그냥 반응하는 겁니다. 하던 대로 익숙한 방식으로 자극에 무조건적으로 반응하는 거죠. 주도권을 자극이 가집니다. 상대가 갖는 거죠. 자기의 선택권이 끼어들 여지가 없습니다.

그에 반해 대응은 내가 주도권을 갖는 겁니다. 자극이 어떠하든 그 조건에 반응할 수 있는 다양한 선택사항 중 나의 의지에 따라 주도적이고 선택적으로 반응하는 거죠. 흔들릴지언정 넘어지지 않는 오뚝이처럼 조건이나 상황과 관계없이 자기 삶을 선택할 수 있는 힘이 있습니다. 거기서 안정감이 느껴지죠. 안정감 있는 삶은 타인에게도 좋은 인상을 주지만 스스로도 참 괜찮은 삶입니다.

명상의 결과가 반응하지 않고 대응하는 안정감일 수도 있습니다. 하지만 평소에 정신을 차리고 반응하지 않고 대응하려는 노력만으로도 도움이 됩니다. 명상을 할 수 있는 시간이 없다면 실제 삶 속에 일어나는 다양한 일과 상황에 대해서 실전으로 단련하는 것도 방법이죠.

07 명상가의 기도

명상하는 사람도 기도를 할까요? 기도를 한다면 어떻게 할까요? 마음을 비우라고 하면서 기도가 필요할까요? 기도를 한다는 것은 뭘 바란다는 것 아닌가요? 명상하는 사람이 바라는 게 있어도 될까요?

결론부터 말씀드리면 명상하는 사람도 기도를 합니다. 무욕으로 사는 것만이 능사는 아니니까요. 세상은 필요한 것들이 많습니다. 그러니 명상하는 사람도 기도를 안 할 수가 없죠. 요즘 같은 상황에서는 기도를 안 하려야 안 할 수가 없습니다.

아픈 이별을 한 사람들, 생사의 강을 건넌 분들, 기후 위기에 따라 하늘에서, 땅에서, 바다에서 고통받는 생명들, 인간의 탐욕으로 벌어지는 수많은 생명 학대와 불필요한 고통, 심지어 전쟁까지. 크고 작은 사회문화적 관습과 제도 때문에 인간 존엄을 위협받으며 고통을 감수하는 수많은 사람을 비롯하여 오늘날 지구상에는 끊임없는 고통이 존재하죠. 그러니 기도를 안 할 수가 없습니다. 이 모든 이들의 불필요한 고통을 덜 수 있기를, 모든 생명이 행복할 수 있기를, 모든 생명이 보호받고 존중받기를, 더 나은 세상이 될 수 있기를 기도하죠.

하지만 어느 특정한 대상에게 기도하지 않습니다. 염원을 하죠. 내 마음이 곧 이 세상에 존재하는 모든 것의 마음인 까닭입니다. 마음속으로 진정성 있게 염원을 가지면 알게 모르게 그 기운이 모두에게 전해지죠. 그래서 자신의 마음부터 살핍니다. 내 마음으로부터 과한 욕심을 덜 수 있기를, 지나친 바람은 갖지 않기를, 다른 생명을 사랑하는 마음과 보호하는 마음을 갖기를. 늘 스스로를 살피며 염원하는 겁니다.

우리의 마음은 형체가 없어서 통하지 않는 곳이 없고 전해지지 않는 곳이 없습니다. 그러니 방향을 정하고 마음을 먹는 것이 기도가 되죠. 누가 누구를 위하여 특정 대상을 정하고 그

곳으로부터 어떤 위력을 바라는 것이 아니라 세상 전체와 공명하는 기도를 하는 겁니다.

그래서 명상가의 기도는 생각보다 힘이 셉니다. 전해지지 않는 곳이 없고 통하지 않는 곳이 없어서 더 멀리 더 깊이 전해지죠. 마음 한번 먹으면 온 우주에 전해집니다. 특정한 의식이나 형식을 갖추지 않더라도 마음 한번 먹는 것이 강력한 기도가 되는 셈이죠.

그래서 명상하는 사람은 자기 마음을 잘 간수해야 합니다. 명상이 깊어지고 순수한 마음의 힘이 생기면 너무 쉽게 광범위하게 전달되기 때문이죠. 때로는 오래전에 바랐던 일이 지금 이루어지기도 합니다. 이미 내 마음도 변했고 상황도 바뀌었는데, 지금에서야 이루어지는 거죠. 그럴 때는 당황스럽기도 하고 아쉽기도 합니다. 하지만 때는 늦었죠. 내가 마음먹었기에 그런 결과가 나올 수밖에 없는 겁니다.

하루는 커피숍에서 까페라떼를 시켰는데 아메리카노가 나왔습니다. 직원의 실수죠. 하지만 저는 낮은 환호를 질렀습니다. 주문을 해놓고 제 마음이 변했기 때문입니다. 까페라떼를 시켜놓고 순간 마음이 움직여 티라미슈를 하나 더 주문했죠. 주문하고 보니 너무 무겁겠다 싶었습니다. 이미 주문이 들어간

뒤였죠. 늦었습니다. 바꿔 달라고 할까 잠시 망설였으나 번거롭게 하고 싶지 않아서 그냥 그대로 있었죠. 다행히 결과적으로 나온 건 아메리카노였습니다. 자연스럽게 내 뜻대로 되었죠. 말로 하는 주문보다 마음이 통했기 때문입니다. 아주 사소한 일이지만 이와 유사한 경우들이 일어나죠. 우연일 수도 있고 명백한 실수일 수도 있습니다. 하지만 왜 그때 그런 실수를 하느냐는 거죠. 마음이 통했다고 보는 것도 과하지는 않습니다.

사람들은 기도를 원합니다. 뭔가 바라는 것이 있으면 외적인 힘을 빌려 그 일이 이루어지기를 바라죠. 그래서 특정 대상, 특히 외부 권능이 있는 대상에게 빌기를 좋아합니다. 절에서도, 교회에서도 특별히 원하는 것이 있을 때 기도를 하죠. 그렇게 기도를 해서 이루어지는 일도 많습니다. 믿음이 깊으면 더 잘 이루어지죠.

하지만 명상가의 기도는 특정 장소를 찾아갈 필요도 없습니다. 마음에 염원을 품으면 그것이 기도가 되니까요. 마음에서 마음으로 전해지니까 다른 누군가에게 굳이 위탁할 필요도 없습니다. 누구든 마음은 통하기 때문이죠. 의도가 건강하고 마음이 순수하면 더 잘 이루어집니다.

그렇습니다. 마음이 고요하고 텅 비어 순수해지면 그 염원은 더 강하게 전해집니다. 온 우주의 마음이 하나로 연결되어 텔레파시가 통하는 것처럼 전해지죠. 마음이 형체가 없어 한계가 없으니 그 염원 또한 시공을 초월해서 이 세상 모든 것과 공유됩니다. 생각해 보세요. 모든 것에 내 마음이 전해진다면 그것보다 더 강력한 기도가 어디 있겠어요? 중요한 것은 그럴수록 명상가의 마음을 잘 간수하고 관리해야 한다는 겁니다.

한발 물러나서 마음에 여유를 갖고 내가 진정으로 원하는 것이 무엇인지 명료하게 파악하고 간절히 염원하면 온 우주에 전해지고 강력한 위력을 발휘하죠.

양날의 검인 셈입니다. 그러니 명상을 시작하신 분들은 평소 마음을 잘 관리하고 기도도 신중히 하길 바랍니다.

08
열한 살 꼬마가
화를 참은 건 ★

11살짜리 꼬마가 학교에서 친구한테 화낼 일이 있었지만 참았다고 합니다. 이유는 '자기는 명상하는 사람이라서'라고. 명상을 하면서 스스로를 '명상하는 사람'으로 규정하면 그 순간부터 어른이든 꼬마든 사람이 변합니다. 자기 자신을 객관화할 줄 알고 자기 마음이 움직이는 것을 볼 수 있어서 그렇죠.

원리는 이렇습니다. 우리 마음에는 두 측면이 있어요. 편의상 표층 마음과 심층 마음이라고 하죠. 표층 마음은 주로 우리 몸을 중심으로 갖는 겁 많고 욕심 많은 원숭이 마음입니다. 심층 마음은 원숭이 마음 너머 깊은 곳에 잠든 거인 같은 마음이죠.

원숭이 마음은 성급하고, 욕심이 많습니다. 어리석어서 자신과 세상을 있는 그대로 보지 못하죠. 자기에게 너무 과하게 몰입되어서 무엇이든 자기중심적으로 보죠. 그렇다고 나쁜 것만은 아닙니다. 위험을 감지하고 스스로를 보호하며 개성을 발휘할 수 있는 순기능이 있죠.

문제는 너무 자기중심적이다 보니 자기를 위하는 마음에 스스로를 고통스럽게 한다는 사실입니다. 자기를 너무 사랑한 나머지 후회하고 걱정하고 소심하죠. 주로 지금 갖지 못한 것에 대한 환상을 부추겨 불행해하고, 남들과 비교해서 위축당하거나 우쭐댑니다. 가지고 있는 좋은 것을 잃을까 봐 전전긍긍하고, 두려운 일이 닥칠까 봐 걱정하며 조마조마하죠. 자기를 너무 사랑해서 스스로를 고통스럽게 하는 아이러니가 있습니다.

반면 잠든 거인의 마음은 비, 구름, 바람 너머의 텅 빈 하늘과 같은 마음이죠. 우리 마음 깊은 곳에 자리합니다. 원숭이 마음이 쉬면 드러나는 또 다른 마음이죠. 이 마음은 귀하고 아름다운 덕성을 많이 지녔습니다. 텅 비고, 여유 있고, 이완되고, 활짝 열려있죠. 사랑과 지혜가 가득합니다. 하지만 쉽게 드러나지 않죠. 원숭이 마음이 우리 마음 입구를 장악하고 주도하고 있기 때문입니다. 평소에 나설 일이 많지 않은 거인 마음은 잠들어 있죠. 우리가 특별한 주의를 기울일 때 활성화됩니다. 우리에게 내재해 있지만 피어나지 않고 있는 거죠. 꽃나무에 물을 주어 가꾸듯 이 마음의 덕성이 잘 발휘되도록 가꾸고 보살핌이 필요합니다. 무엇보다 원숭이 마음이 쉬어야 합니다.

이렇게 두 차원의 마음을 가진 사람이 명상을 시작하며 스스로를 '명상하는 사람'이라고 규정하는 순간부터 잠든 거인의 마음이 작동하기 시작하죠. 이 잠든 거인의 마음이 가진 특성 중 가장 중요한 것은 '앎'입니다. '순수한 앎'이죠. 가리거나 끌리거나 자기중심적인 앎이 아니라 있는 그대로 존재와 현상을 순수하게 아는 앎입니다. 어느 한 편에 치우치거나 집착하지 않는 평등하고 차별 없게 아는 마음이죠. 모양도 형태도 색깔도 없어서 어떤 곳에 갇히거나 소유되지 않습니다. 모두에게 공유되는 마음이죠.

스스로를 명상하는 사람이라고 마음먹는 순간, 이 마음이 활성화되면서 원숭이 마음을 관찰하는 목격자로서 기능합니다. 원숭이 마음이 욕심을 부리면 '욕심내지 마', 원숭이 마음이 게으름을 피우려 하면 '게으름피우려 하는군' 이런 식으로 알아차리죠. 명상을 하지 않는 사람도 쉽게 경험할 수 있는 '양심' 또는 '정신'과 같은 겁니다. 개인적 욕심이나 자기중심적인 마음으로 무슨 일을 하면 마음 다른 한편에서 경고를 하죠. '아니야, 그건 아니지.' 흔히 양심에 찔린다거나 정신을 차리라고 할 때의 그 양심, 그 정신인 거죠.

이 책을 읽는 여러분도 오늘부터 당장 명상을 시작하고, '나도 명상하는 사람'이라고 스스로를 규정해 보세요. 무슨 일이 일어날까요? 평소에 무심히 지나쳤던 두 차원의 마음이 작동함을 알아차릴 수 있을 겁니다. 앉아서 눈 감고 명상할 때는 물론, 일상생활 속에서도 관찰자, 목격자로서 따라다니는 마음 하나를 더 느낄 수 있죠. 바로 이 목격자, 관찰자가 알아차림입니다. 이 '알아차림'을 잃어버리지 않고 정신을 차린 상태로 살아가는 것이 명상이죠. 방석 위의 명상이 아니라 일상생활 속의 명상입니다.

그 마음만 잃지 않으면 취하는 자세와 상관없이 '여러분도 명상하는 사람'입니다. 그 마음을 잃지 않고 어떤 형태든 자유롭게 명상하고, 스스로를 그렇게 규정하는 것이 중요하죠. '나는 명상하는 사람입니다.' 우리 삶에 터닝 포인트가 되어줄 마법 같은 주문입니다.

09
마음이 어수선할수록
청소를 깔끔하게 ★

그럴 때가 있죠. 하늘에 먹구름이 잔뜩 낀 것처럼 뭘 해도 시큰둥하고 마음이 편하지 않을 때 말입니다. 그럴 때는 방석에 앉아도 명상이 안 될뿐더러 방석에 앉고 싶은 마음조차 나지 않죠. 심심한 것도 아니고, 외로운 것도 아닙니다. 그저 마음이 복잡하고 산란해서 뭘 해도 집중할 수가 없죠.

그렇게 마음이 어지럽고 어수선한데 그대로 방치하면 쉽게 우울해집니다. 은근히 화가 나기도 하죠. 지난날이 후회스럽기도 하고 다른 사람에게 서운한 마음도 납니다. 미래가 막막하고 마음이 휑하게 비어버린 것 같죠. 이유 없이 어떤 설움이 몰려와 주체하기 어려울 때도 있습니다. 가만히 눈 감고 앉아 있어 보죠. 그렇다고 마음이 쉽사리 안정되지도 않습니다.

특별한 용건도 없이 아무에게나 전화를 걸기도 하죠. 겨우 몇 마디 나눠 보지만 속이 시원하지 않습니다. 혹시라도 방황하는 자신의 속마음을 들키고 나면 왠지 마음이 더 불편해지죠. TV를 켜 봐도 마음에 드는 프로그램이 없습니다. 채널만 바꿔가며 마음 둘 곳을 모르죠.

어떻게 해야 할까요? 가끔씩 찾아오는 이 심기 불편한 상황을 어떻게 해야 새로운 기분으로 전환하고 생기 있는 일상으로 돌아올 수 있을까요?

이럴 때 정말 효과적인 명상법이 있습니다. 바로 '청소 명상'이죠. 방이나 사무실, 자동차, 창고. 살고 있는 주변 환경을 돌아보면서 구석구석 청소하는 겁니다. 처음에는 집 안의 정돈되지 않은 물건을 제자리에 돌려놓습니다. 다음에는 서랍을 하나씩 열어서 버릴 것은 버리고 차근차근 깔끔하게 정리하죠. 옷장을 열어 다림질할 옷은 다리고 계절이 지난 옷은 따로 정리합니다.

세면대에서부터 변기, 욕실의 타일과 벽 등을 손으로 꼼꼼히

닦아내죠. 스테인리스로 된 것은 마른걸레로 윤이 나게 광을 냅니다. 이불을 털어서 햇빛에 말리거나 빨죠. 집 안 구석구석 먼지도 털어내고 닦아냅니다.

이렇게 차근차근 청소하면 어느새 마음도 정리되고 묵은 생각과 감정의 찌꺼기들이 떨어져 나가죠. 새롭게 살아볼 의욕이 생기면서 상쾌한 기분으로 전환됩니다.

생각보다 아주 효과적인 명상법이죠. 처음에는 별생각 없이 시작하지만 구석구석 들여다보고 정리하고 닦아내면서 점점 몰입이 됩니다. 복잡하던 머리가 시원해지고 생각 자체가 사라져 버리죠. 방금만 해도 어지러웠던 마음이 어느새 가라앉고 오직 일심으로 청소만 하는 자신을 발견하게 됩니다.

생활하는 공간이 정리되고 깨끗해지는 것을 보는 것만으로도 어느새 기쁨이 차오르죠. 마음에 여유도 생기고 의욕도 생깁니다. 실제로 해보면 머리로만 생각한 것 이상의 효과가 있음을 알 수 있는 것이 바로 이 청소 명상입니다.

사람은 환경에 지배를 받습니다. 환경을 말끔하게 정리 정돈하면 우리 마음도 정리되죠. 집을 청소했지만 우리의 의식 세계까지 청소가 된 겁니다. 거듭 강조하지만 명상을 눈 감고 앉아 있는 것으로만 한정하지 말기 바랍니다. 적극적으로 삶을 개선하는 행위 자체도 넓은 의미의 명상에 포함되죠. 무엇을 하든 어떤 마음으로 하는지가 중요합니다. 명상적 마음이 더해진다면 무엇을 해도 명상이죠.

10
답답한 마음의 출구가
되는 혼자 걷기 ★

해결하기 어려운 문제가 있거나 창조적인 영감이 필요할 땐 걷기 명상이 효과적입니다. 누구에게 말하기도 어렵고 쉽게 해결될 것 같지 않은 과제를 안고 있으면 마음이 답답하죠. 오래 생각한다고 뾰족한 수가 있는 것도 아닙니다.

이럴 땐 무조건 집 밖으로 나가서 걸어보세요. 아무 생각 없이 그냥 걸으면 됩니다. 혼자서 오래오래 걷다 보면 명상과 같은 효과가 있죠. 특별한 방법은 없습니다. 그냥 아무 생각 없이 목적 없이 편안하게 걷는 거죠. 그렇게 1시간, 2시간, 3시간 정도 걷고 걷다 보면 많은 것이 저절로 해결됩니다. 길을 나설 때와는 완전히 다른 심경이죠.

거리에서 마주치는 낯선 사람에게까지 친근한 마음이 납니다. 지나치는 사람들의 표정에서 그 사람들의 마음이 환하게 느껴지죠. 그들의 기쁨에 덩달아 기분이 좋고, 다정하게 길을 걷는 가족이나 연인들도 사랑스러워 보입니다. 어느새 내 문제는 잊어버리고 세상 전체와 하나로 연결된 느낌이 차오릅니다. 물론 기분도 상쾌하고 발걸음도 가벼워지죠. 세상 다 가진 사람처럼 마음이 대범해지고 관대해집니다. 무슨 일이든 감당하며 살 수 있을 것 같은 자신감도 샘솟죠.

마음이 어지럽거나 감정의 동요가 있을 때는 되도록 혼자 있는 것이 좋습니다. 들어주는 사람이 있다고 무심코 쏟아내고 나면 나중에 후회하는 경우가 많죠. 아주 가까운 사이는 괜찮다고 생각하지만 그렇지만도 않습니다. 상대방은 괜찮을지 몰라도 내 마음에 또 다른 찌꺼기를 남기기 쉽죠. 그래서 걷기 명상을 권합니다. 복잡했던 마음이 사랑과 감사로 채워지고, 감정의 동요가 가라앉으면서 정신이 차려지죠. 나중에 신경 써야 할 후유증도 없습니다.

창의적 영감이 필요할 때도 마찬가지죠. 걸으면 뇌가 활성화된다고 합니다. 아무 생각 없이 걸었지만 자연스럽게 아이디어가 떠오르죠. 저는 강의를 준비할 때 많이 활용합니다. 처음에는 강의 주제에 맞춰 생각을 해보고 검색도 해보죠. 생각이 어느 정도 정리되면 모든 생각을 멈추고 아무 생각 없이 텅 빈 마음으로 걷습니다. 강의와 아무 상관 없는 꽃도 보고, 하늘도 보고, 바람도 느끼며 오래 걷다 보면 어느새 새로운 아이디어가 떠오르고 탄탄하게 맥락이 맞춰지는 경험을 여러 번 했죠.

브루잉 효과(brewing effect)라고 합니다. 숙성의 과정을 거치는 거죠. 어떤 생각을 골똘히 하다가 잊어버리고 쉬거나 다른 놀이를 하며 시간을 보낸 뒤 다시 생각하면 더 좋은 아이디어를 얻을 수 있다는 겁니다. 중간 휴지기를 통하여 풀어야 할 문제나 아이디어에 새로운 방식으로 접근하는 거죠.

마찬가지입니다. 우리 삶도 복잡하고 다사다난하죠. 그 모든 일을 제대로 해결하며 나아가기가 쉽지 않습니다. 앉아서 하는 명상이 고요와 안정감, 몰입, 통찰력 등으로 많은 문제를 해결하고 마음에 평화를 주죠. 하지만 때로는 자리를 털고 일어나 무작정 걷는 명상이 도움이 됩니다.

실제로 명상을 하지 않는 사람도 걷기를 통해 많은 문제를 해결합니다. 당장 해결해야 할 문제가 산적하거나, 복잡해서 아무리 생각해도 돌파구가 떠오르지 않을 때, 색다른 접근으로 창의적인 영감이 필요할 때 길을 나서 보세요. 말없이, 생각 없이. 온통 나를 내려놓고 오래 걷다 보면 예상 밖의 놀라운 경험을 하게 됩니다. 이름하여 걷기 명상이죠.

11
어떤 꽃이 필지는
아무도 모르지만 ★

명상은 한 송이 꽃을 피우는 일과 같습니다. 마음을 열고 꾸준히 가꿔가는 일이죠. 어떤 꽃이 필지는 아무도 모릅니다. 사람마다 다른 꽃이 피죠. 하지만 마음의 평화나 고요가 주는 기쁨은 공통적으로 경험하는 기본입니다.

하지만 피어나는 꽃은 제각각이죠. 특별한 재능일 수도 있고, 탁월한 건강일 수도 있죠. 예지력, 치유력, 통찰력일 수도 있고, 사랑과 자비일 수도 있습니다. 예술 감각이 될 수도 있고, 사람 마음을 움직이는 언변이 될 수도 있죠. 흔들림 없는 마음의 중심일 수도 있고, 걸림 없는 자유일 수도 있습니다. 중요한 건 명상을 오래 계속하다 보면 각자에게 맞는 변화가 자연스럽게 일어난다는 거죠.

그러니 명상을 시작하면서 성급한 마음으로 특이한 경험이나 신비한 체험 등의 결과론적인 꽃에 연연하지 말기 바랍니다. 명상은 오래고 긴 여정이니까요. 장거리 여행과 같아서 한 모퉁이를 돌아서면 어떤 풍경이 펼쳐질지 모르는 멋진 여행입니다. 열린 마음으로 기대 없이 예고 없이 찾아오는 풍경을 온전히 경험하고 음미하는 여행이죠.

명상을 처음 시작하시는 분들에게 이야기합니다. 때가 되면 피어날 한 송이 꽃을 피우듯 오래오래 공들이라고. 기본에 충실하게 명상의 중요한 지침을 지키면서 꾸준히 하다 보면 결과는 자연스럽게 따라오기 마련입니다. 하지만 많은 사람이 조급한 마음을 냅니다. 너무 의욕적이어서 실망도 쉽게 하고 포기도 잘하죠.

꽃을 키우거나 농사를 지어본 적이 있나요? 꽃을 가꾸고 농사를 시작하면서 가장 먼저 해야 할 일이 무엇일까요?

먹고 싶은 채소나 보고 싶은 꽃이 먼저 떠오른다면 성급한 겁니다. 무엇보다 먼저 땅을 고르고 거름을 넣는 일이죠. 씨앗이 순조롭게 뿌리내리고 잘 자랄 수 있는 토양을 준비하는 겁니다. 잡초를 뽑고 거름을 뿌린 후 삽질을 하고 흙을 골라주죠. 거름이 땅속으로 잘 스며들도록 흙을 뒤집어 주고 골라주는 겁니다. 조급한 마음에 잡초투성이 땅이나 거름기 없는 박토에 씨앗을 심으면 채소든 꽃이든 기대한 만큼 수확을 얻기가 어렵죠.

명상도 마찬가지입니다. 앉아서 명상을 제대로 하기 위해 어떤 형태로든 삶을 골라주는 일이 필요합니다. 해서는 안 될 일을 하거나, 특별히 지금 당장 하고 싶은 일이 있거나, 해결하지 않으면 안 되는 선결과제를 잔뜩 안고 있다면 그 문제를 해결하면서 명상을 시작하는 것이 좋죠. 밀린 숙제나 청산해야 할 관계, 다급하게 처리해야 할 일들이 앉는다고 해결되지는 않죠. 실질적으로 대처하고 처리를 해줘야 합니다. 그래야 본격적으로 앉았을 때 마음이 쉴 수 있고 긴장을 내려놓을 수 있죠.

그렇게 삶을 고르면서 씨앗을 심는 마음으로 자리에 앉아 명상을 시작해 봅니다. 뭔가를 급하게 얻으려는 기대나 욕심을 내려놓고 일단 앉아서 명상하는 거죠. 그렇게 명상을 시작했으면 내 마음에 어떤 일이 일어나는지 들여다봅니다. 자신의 마음 밭에 무슨 일이 일어나고 있는지, 자기의 몸과 입과 마음을 어떻게 쓰고 있는지 살펴보는 것이죠. 그래서 잡초가 나면

뽑아주고 벌레가 생기면 다른 곳으로 옮겨주듯이 우리의 생각이나 행동을 잘 돌보며 명상 수행을 해나갑니다.

고요함과 명료함이 깊어지고 기대 없이, 바람 없이, 온전해지는 경험이 늘어나면 꽃이 피어나기 시작합니다. 산란함과 흔들림이 잦아들면서 흔히 말하는 '작은 나' '에고' '개체적 자아'가 '큰 나' '참 나' '전체적 자아'와 하나 되는 경험이 새로운 변화를 불러오죠. 꽃이 피어나기 시작하는 겁니다.

명상을 시작하면서 너무 급한 마음을 갖지 마세요. 언젠가는 피어날 한 송이 꽃을 피우듯 기본에 충실하면서 오래오래 공을 들이세요. 그렇게 욕심이나 애타게 바라는 마음 없이 피어난 꽃은 스스로 행복합니다. 그 꽃을 맞이하는 벌과 나비도 행복하죠.

제대로 된 명상은 우리 자신을 행복하게 성장시킬 뿐 아니라 함께 살아가는 이 세상에도 선한 영향력을 미칩니다. 애를 쓰거나 인위적인 노력으로 되는 일이 아니죠. 자연스럽게 때가 되면 피어납니다.

12
멈춰서 고요히, 밖이 아니라 안으로 ★

많은 사람이 명상을 통해서 마음도 편해지고, 쓸데없는 일에 신경도 덜 쓰고, 일도 잘되고 걱정도 줄어드니까 삶에 만족도가 높아집니다. 그래서 친구나 가족에게 명상을 권하고 싶지만 주변 사람들은 시큰둥해하는 경우가 많죠. 오히려 '가뜩이나 바빠죽겠는데 명상까지 어떻게 하느냐'고 반박합니다.

현대인은 참 바쁘죠. 시간이 너무 없습니다. 그렇게 너무 바쁘니까 오히려 명상을 해야 하죠. 명상을 통해서 무엇 때문에 바쁜지, 정말 그렇게 바빠야 하는지, 그것이 본인이 원하는 것인지 점검해 봐야겠죠. 현대인은 할 일도 정말 많습니다. 경쟁이 치열하니 어떻게든 더 많은 능력을 갖추고 더 많은 기회를 갖기 위해 열심히 해야 하죠. 교통 통신의 발달로 지역과 국경을 넘어 경쟁이 가속화되는 것도 사실입니다.

그러다 보니 너나 할 것 없이 바쁘죠. 취업을 준비하는 청춘들도 얼마나 많은 것을 준비해야 하는지 모릅니다. 대학을 졸업했다 해도 전공 외에 스펙을 채우기에 여념이 없죠. 직장을 구해도 별반 다를 것이 없습니다. 늘 경쟁해야 하고 주어지는 업무 자체도 만만치 않죠. 승진이냐 도태냐, 성공이나 실패냐. 늘 아슬아슬한 외줄타기 인생에서 자신을 돌아볼 겨를이 없습니다. 그저 거대한 물결에 휩쓸려 살아가고 있죠.

결혼을 해도 달라지지 않습니다. 가사와 육아라는 또 하나의 문제와 씨름하죠. 일과 사랑의 병행, 삶과 일의 균형을 위해 고군분투합니다. 열심히 살았고 이룬 것도 있어서 누리며 살 법도 한데 멈출 수가 없습니다. 남들은 더 잘살고 더 많이 갖춘 것처럼 보이기 때문이죠. 상대적 빈곤감입니다. 이대로 멈추면 나만 도태될 것 같은 불안감을 떨칠 수가 없죠. 세상이 급변하니 미래도 예측이 불가하고 언제 무슨 일이 일어날지 모릅니다. 대비를 해야 한다는 생각에 자꾸 자산에 신경을 쓰죠. 수명이 늘어나면서 노후에 대한 불안 또한 간과할 수 없습니다.

무의식중에 바쁜 것이 훌륭한 것이고 한가하면 무능한 것으로 간주하는 것도 한몫합니다. 그러니 바쁜 척이라도 해야 하는 아이러니가 있죠. 연세 드신 분들 가운데 자기를 찾는 사람이 없고 할 일이 없으면 자괴감이 든다고 하는 분도 계십니다. 한가하면 외롭거나 우울하다고 하는 분도 많죠.

무엇이 문제일까요?

명상에 답이 있다고 봅니다. 명상을 통해 마음을 고요히 하고 밖으로 향하던 시선을 내면으로 돌려 진정한 자신을 찾으면 해답이 거기에 있죠. 많은 현대인이 자신을 알지도 못한 채 강물에 떠내려가는 중입니다. 본인이 어떤 사람인지, 어떻게 살고 싶은지, 무엇을 하고 싶은지 생각해 보지도 못하고 검증되지도 않은 어떤 가치를 따라 살아왔기 때문이죠. 초등학교, 아니 더 어린 시절부터 스펙인생을 달려온 겁니다. 자신의 취향이나 소질, 특성을 뒤로한 채 그저 휩쓸려 오느라 자신을 돌아볼 기회를 갖지 못했죠.

세상 누가 뭐라고 해도 자기가 살고 싶고 좋아하는 삶을 택하지 않았다는 겁니다. 그래서 멈춰야 할 때를 모릅니다. 만족하고 안분(安分)하며 주위를 둘러볼 여유를 갖지 못한 채 산 넘어 산을 향해 계속 달리고 있죠. 안 바빠지려 해도 안 바빠질 수가 없습니다.

제가 묻고 싶습니다.
그렇게 살면 도대체 언제쯤 행복해질 수 있는 건가요?

이제 멈춰야 합니다. 명상을 통해 멈춰서 고요히. 밖이 아니라 안으로. 남의 기대나 평가가 아니라 나의 가치에 의한 삶으로. 밖으로 향하던 시선을 거두어 무엇보다 먼저 나를 찾아야 합니다. 내 삶의 주체인 내가 바로 서고, 내가 우선시하는 가치에 따라 흔들림 없는 행복을 찾아 나서야 할 시간이죠.

명상은 광범위합니다. 필요에 따라 다양한 방법을 활용할 수 있죠. 자신에게 맞는 명상법을 택해서 꾸준히 실천해 보면 차원이 다른 삶을 경험할 수 있습니다. 문제는 필요성이죠. 무슨 일이든지 자기가 필요하다고 느껴야 시작이라도 해볼 테니까요. 스스로에게 질문해 보세요.

"나, 이대로 괜찮아?"

'괜찮다'는 답이 들린다면 아직 때가 이르지 않았습니다. '

뭔가 변화가 필요해.'라는 마음이 있다면 명상에 관심을 가져
볼 때가 된 거죠.

다섯.
★

마음 거울에 비치는 풍경들

01
다 알고 있지만
끌리지 않는다 ★

명상을 잘할 때는 어떤 상태일까요?

명상은 잘한다기보다는 잘된다고 하는 것이 맞는 표현일 수 있습니다. 명상을 잘하려고 하면 긴장, 기대, 바람, 인위적 노력 등 방해되는 요소가 더 많기 때문입니다. 잘되는 명상은 여러 가지 측면에서 살펴볼 수 있습니다. 그중에 한 가지는 '환하게 다 알고 있어서 마음이 특정 대상에 한정되어 있지 않다'는 것입니다.

밴쿠버 수영장 핫 텁(hot tub)에서의 일입니다. '잘되는 명상이 이런 거구나' 하는 유사한 경험을 했죠.

따뜻한 물속에서 특별한 생각 없이 그저 시선을 던지듯이 물을 바라보며 가만히 앉아 있었습니다. 평소에 늘 하던 대로 앉아 있었지만 그날은 신기하게 수영장에서 일어나는 일들이 360도 감지가 되었죠. 눈앞 180도 내의 모든 움직임이 미세하게 인지되고, 등 뒤에서 일어나는 일들도 자세하게 감지할 수 있는 겁니다. 소리로 들리는 거죠. 눈과 귀로 수영장 안의 거의 모든 움직임을 알 수 있었지만 마음이 어떤 특정한 것에 사로잡히지 않았습니다. 환하게 다 아는데 특정한 것에 마음이 끌리지 않을 뿐 아니라 어떠한 것도 좋거나 싫은 느낌이 아닌 아주 중성적 느낌으로 와닿았죠.

'편안하다, 기분 좋다' 하는 주관적인 느낌은 없고 그저 다 알 뿐인 거죠. 다 아는데 기분이라는 요인이 개입되지 않았습니다. 내가 따로 있어야 기분이 좋다, 어떻다고 느낄 텐데 그 순간에 나라는 것이 따로 없었죠. 마음은 활짝 열렸고, 지각의 범위도 넓었습니다. 의식이 특정한 대상에만 한정되지 않았죠. 모든 대상과 변화와 감각이 평등하고 무차별적이었기 때문입니다. 기분의 문제를 논할 수가 없었죠. 그저 온전하게 모든 것을 귀로 듣고, 몸으로 느끼고, 의식으로 알아차리고 있는 순수한 상태일 뿐 다른 것들이 개입될 여지가 없었습니다.

'명상할 때 이런 상태로 알아차리고 있으면 되겠구나. 알긴 아는데 모든 것을 차별 없이 평등하게 바라볼 수 있는 상태. 전모를 볼 수 있는 상태. 이런 심경, 이런 마음 상태라면 일상의 다사다난한 선택과 판단의 상황에서 훨씬 균형감각을 가질 수 있겠구나.' 이렇게 감을 잡으니 명상이 훨씬 수월해졌죠.

앉아서 하는 명상은 감을 잡는 일이 중요합니다. 그저 몸만 앉아서는 진정한 명상이라고 할 수 없죠. 그렇지 않으면 '기왓장 갈아서 부처가 되겠다는 상황'처럼 핵심에서 벗어나 헛고생하는 것과 별반 다를 바 없을 테니까요. 명상에서 앉는 일이 중요하지만, 어떻게 앉느냐는 더욱 중요합니다. 그래도 일단은 앉으세요. 하고 또 하다 보면 스스로 감이 잡히는 날이 옵니다. 알아지면 누구에게 물어볼 필요도 없어지죠.

02
내 마음이 고요하면
세상이 고요하고 ★

명상을 하려고 앉았는데 주위에 소음이 들리면 거슬려 하는 분들이 많습니다. 특히 여러 사람이 함께 모여서 명상을 하는데 뜻하지 않은 아이들 소리가 들리거나 밖에서 시끄러운 소리가 나면 마음이 오히려 요란해지죠.

'왜 이렇게 시끄러워. 도대체 명상을 할 수가 없잖아. 누가 조용히 좀 안 시키나? 그냥 내가 조용히 하라고 해야 하나.' 마음이 온통 소음으로 향하며 명상에 집중하지 못합니다. 초보자일수록 소음에 예민하죠. 자기주장이 강한 사람도 소음을 견디기 어려워합니다.

명상할 때는 주위가 조용해야 한다는 일종의 편견 때문이죠. 하지만 조용하든 소란하든 지금 있는 그대로 존재와 현상을 알아차리고 수용하는 것이 중요합니다. 상황 자체를 조용하게 만들어서 거기에 안주하는 것이 명상은 아니죠.

오히려 명상은 자기를 세상의 중심에 놓고 내 뜻대로 모든 상황을 좌지우지하려는 그 나를 내려놓는 과정에 더 가깝습니다. 조용한 곳에서 명상하면 편안하고 기분이 좋죠. 그 좋은 기분이 명상의 목적은 아니라는 겁니다. 주위 환경이 조용하지 않다고 불편해하기보다는 내 마음을 고요하게 하는 법을 터득하는 것이 우선이죠.

어떤 명상가는 고요에 안주하는 태도를 특별히 경계합니다. 명상은 고요에 안주하는 것이 목적이 아니라 철저하게 깨어있기 위함이라는 거죠. 사실 주변의 어떤 상황에도 불구하고 마음을 고요히 하고 정신을 바짝 차리고 깨어있는 일이 편안하지만은 않습니다. 편하지 않지만 지속해서 명상하다 보면 어느 순간 주변의 소음이 더 이상 방해가 되지 않죠.

양재역 근처 조그만 공원에서 학생 한 명과 명상을 한 적이 있습니다. 시내 한복판에 그런 공원이 있다는 것도 몰랐던 학생은 20분간 명상을 하고는 시간이 짧아서 아쉬워했죠. 명상하러 갈 때는 이 동네가 시장 한가운데처럼 느껴졌는데 명상을 마치고 돌아오는 길은 신기하게도 동네 자체가 고요하게 느껴진다는 말을 했습니다.

그런 거죠. 본인의 마음이 고요하면 세상도 고요하고, 자신의 마음이 요란하면 세상도 요란하게 느껴지는 거. 명상을 하려고 앉았는데 주위의 소음이 요란하게 느껴진다면 요란함에 이미 마음이 뺏긴 상태입니다. 명상할 때는 주위가 고요해야 한다는 편견 때문에 더 요란하게 와닿는 거죠.

명상을 오래 하다 보면 주위의 소음은 그저 소리일 따름입니다. 주위에서 아무리 떠들어도 사람들이 이야기하는 내용이 감지되지 않습니다. 그저 숲속의 새 소리나 큰 강당의 기계음처럼 하나의 소리일 따름이죠. 때로는 아무런 소음이 없을 때보다 있는 것이 도움 될 때도 있습니다. 자신의 마음을 뺏기는지 그렇지 않은지를 더 쉽게 알아차릴 수 있기 때문이죠.

한 생각이 중요합니다. 명상은 고요한 곳이나 요란한 곳 상관없이 어디서든지 마음만 먹으면 할 수 있죠. 장소를 가리거나 소음을 가리면 명상을 할 수 있는 때와 장소를 찾기가 어려워집니다. 명상은 때와 장소를 가릴 필요가 없습니다. 생각 날 때 언제 어디서든지 하면 되죠. 내 마음이 고요하면 세상이 고요해지니까요. 세상이 아무리 시끄러워도 우리의 명상을 방해할 수는 없죠.

03
꼭 다문 입술을
이완하며 살짝 미소 ★

명상을 하려고 앉았는데 몸과 마음의 긴장이 쉽게 이완되지 않을 때가 있습니다. 얼굴이나 어깨를 비롯하여 몸 이곳저곳에 자꾸 힘이 들어가죠. 평소에 신경을 많이 쓰고 긴장하며 살기에 이완이 쉽지 않습니다. 특히 의욕을 갖고 명상을 잘해보려고 하면 이완하는 일이 더 쉽지 않죠. 특히 초보자일수록 명상하는 동안 몸에 힘이 들어갑니다. 간혹 명상을 마치고 난 후 목이나 어깨에 통증을 호소하기도 하죠. 명상 내내 미간에 힘을 주고 인상을 쓰고 있는 사람도 있습니다.

앉아서 명상할 때 몸과 마음의 이완이 잘 안 될 때는 웃는 명상이 도움이 되죠. 명상할 자세를 잡고 앉아서 얼굴에 살짝 웃음을 머금는 겁니다. 꼭 다문 입을 약간 이완하면서 옆으로 살짝 웃음을 띠는 거죠. 그렇게 살짝만 미소를 지어도 온몸의 긴장이 쉽게 이완됩니다.

제게 오랫동안 말 못 할 고민이 하나 있었습니다. 밴쿠버에 거주하던 시절 한국이나 미국을 드나들면서 공항 검색대를 통과할 때 번거로운 일이 있었죠. 특별히 빠른 줄로 들어가라고 해서 고맙다며 따라가 보면 마약 검사를 하기도 하고 동행한 일행까지 자세한 검색을 당하기도 했습니다. 그러다 보니 국경을 넘나들 때 특별 관리를 받게 될까 신경이 쓰이고 염려가 되었죠. 심지어 LA에서는 무장한 경찰을 앞뒤에 세우고 지하 사무실까지 불려 가서 가방 검사를 당한 적도 있습니다.

뭐가 문제인지 몰라도 아무튼 더 이상 안 되겠다 싶어서 '웃는 명상'을 개발했죠. 명상을 시작하기 직전에 살짝 웃는 거죠. 자세를 잡은 후 명상 전에 얼굴에 살짝 미소를 머금는 겁니다. 크게 웃을 필요는 없고 입을 살짝 다물고 입꼬리를 조금 위로 올리면서 웃는 표정을 만드는 거죠. 생각보다 효과가 컸습니다. 얼굴은 물론 남아있던 몸과 마음의 긴장이 쉽게 풀리면서 편안해졌죠. 이후로 국경을 통과할 때도 따로 관리받는 일이 확연히 줄었습니다.

사실 명상은 '나, 내가, 나에게, 나를' 등등의 작은 나를 내려놓고 더 큰 나에 합일해 가는 과정입니다. 작은 나를 놓지 못하고 온몸에 힘을 주고 있으면 나와 타자의 경계가 쉽게 허물어지지 않죠. 어떻게든 무엇인가를 애타게 구하고, 부여잡고, 긴장하는 작은 나의 생각과 집착을 내려놓아야 합니다.

명상을 하면서도 그 잘하려는 마음을 놓지 못하는 건 작은 나에 매달려 있는 증거이기도 하죠. 그 마음마저 내려놓아야 합니다. 이럴 때 웃는 명상이 효과적입니다.

잠시 즐거운 상상과 함께 마음을 활짝 열고 내쉬는 숨을 크게 내쉬면서 가볍게 미소를 지어 보세요. 두세 번 깊은 호흡을 내쉬면서 가볍게 미소를 지으며 명상 상태로 들어가는 거죠. 이렇게 몸과 마음이 충분히 이완되면 좀 더 수월하게 깊은 명상 상태에 몰입할 수 있습니다.

깊은 명상 상태에 몰입하면 그동안 나라고 알고 있는 익숙한 나의 경계가 허물어지면서 예전에는 미처 경험하지 못했던 온 우주가 하나로 연결된 느낌의 세상과 접촉하게 되죠.

몸과 마음의 완전한 이완은 깊은 명상 상태에 몰입하기 위해 꼭 필요한 과정입니다. 하나라도 강하게 붙잡아서는 이를 수 없죠. 개인적인 상황에 따라 몸과 마음이 이완되지 않는 원인이 다양할 수 있습니다. 다양한 원인에는 해법도 다양할 수밖에 없죠. 그중에서 웃는 명상은 누구든 쉽게 시도해 볼 수 있는 쉬운 방법입니다.

04
마음에 스쳐
지나가는 풍경 ★

무념무상?

명상하면서 앉아 있으면 아무런 생각도 나지 않을까요? 세상사 초월한 사람처럼 생각이 끊어져서 마음이 텅 비어버릴까요? 그렇지 않습니다. 사람들 대부분은 마음속에 일어나는 생각들과 함께 명상을 하죠. 다만 그 생각을 대하는 태도에 차이가 있습니다. 오랜 세월 명상을 해보면 명상 중에 일어나는 생각에 변화가 있음을 알 수 있죠. 처음에는 생각하는지도 모르게 이 생각 저 생각 하며 시간을 보냅니다. 그러다가 명상에 조금 익숙해지면 비로소 생각하고 있는 자신을 의식하게 되죠.

어떤 경우는 그 생각이 너무 산란해서 힘듭니다. '나만 이렇게 생각이 많은가? 다른 사람은 명상할 때 무슨 생각을 하지? 생각을 하기는 하는 건가? 도대체 이 생각들을 어떻게 해야 하지? 내가 이렇게 생각을 많이 하는 사람이었나? 나 같은 사람도 명상할 수 있나? 어떻게 해야 잡념이 안 일어나지?' 별의별 생각을 다 하죠.

처음에 의욕을 가지고 명상을 시작했다가 잡념에 시달리는 자신을 마주하면 자신감이 떨어지고 의욕도 떨어집니다. 하지만 걱정할 필요가 없습니다. 다들 생각하면서 생각과 함께 명상하고 있으니 말입니다. 다만 일어나는 생각의 종류나 생각이 일어나는 정도에는 명백한 차이가 있죠.

그래서 명상하는 동안 우리 마음에 어떤 풍경이 스쳐 지나가는지를 아는 것이 필요합니다. 지금 이 순간 내가 어떤 생각을 하고 있는지 알아차리는 것이 중요하죠. 그 생각들이 정확히 우리의 현주소를 반영하기 때문입니다. 일어나는 생각은 과학이죠. 생각날 만한 조건이 형성되어야 일어나는 거니까요.

명상 중에 일어나는 생각을 단지 잡념이라 여기지 말고 중요한 단서로 활용할 수 있습니다. 해결해야 할 일은 해결하고,

해소하고 싶은 욕구는 풀어줄 방법을 찾아보고, 쓸데없는 생각이라면 잊어버리도록 하면서 명상해 나가는 것이 필요하죠.

실제 명상 경험이 없는 사람은 명상을 하면 아무런 생각이 없을 거라고 막연히 생각합니다. 그야말로 무념무상. '아무런 생각도 없이 고요해서 좋을 것이다' 그렇게 추측하고 명상을 하면서 어떻게든 '고요해서 아무 생각이 없는 상태'를 추구하죠. 하지만 뜻과 같이 그렇게 고요하기만 한 상태는 경험하기가 어렵습니다. 그래서 끊임없이 일어나는 생각 때문에 괴로워하죠.

생각이란 살아있는 사람의 당연한 두뇌활동의 산물입니다. 명상 중에 아무런 생각이 없는 경지를 바라는 것은 쉬운 일이 아니죠. 오랫동안 명상 수행을 해서 특별한 경지에 도달한 분들에게나 가능한 일입니다. 보통 사람에게는 비옥한 토양에 채소와 잡초가 함께 무성한 상태와 같습니다. 명상 중에 어떤 생각이나 감정이 일어났다 사라지는 것은 지극히 당연한 일이죠.

다만 명상을 잘하는 사람은 그 생각이나 감정에 휘둘리지 않고 있는 그대로를 알아차립니다. 반면 명상을 잘 못하는 사람은 그 생각과 감정에 꼬리에 꼬리를 물고 휩쓸리죠.

말하자면 맑은 호수 위에 기러기가 날아가면서 흔적을 남기는 것과 같습니다. 명상을 잘하는 사람은 기러기가 오면 기러기를 비추고 기러기가 가면 창공을 비출 뿐이죠. 기러기 왔다고 문제 삼거나 기러기가 떠났다고 문제 삼지 않습니다. 다만 날아가는 기러기를 비추기만 하는 호수처럼 흔들림이 없는 거죠.

하지만 명상을 잘 못하는 사람은 기러기가 오면 기러기가 온다고 성가셔합니다. 온다고 성가셔하면서도 날아온 기러기와 말을 섞죠. 말을 섞어서 한참을 기러기와 놉니다. 그러면서 기러기 날아오지 않는 호수를 기대하며 좌절하죠. 기러기는 올 때가 되면 오고 갈 때가 되면 가는 겁니다. 기러기 자유죠. 다만 호수가 기러기를 비추기만 하느냐 같이 섞여서 노느냐의 차이입니다.

명상을 할 때는 생각이 일어나는 것을 문제 삼지 말고, 어떤 생각 어떤 느낌이 어떤 형태로 일어났다 사라지는지를 알아차릴 필요가 있죠. 이러한 풍경이 미세하게 다 인지되고 그 변화까지 다 알아차릴 수 있을 때 '있는 그대로 존재와 현상의 실체'를 이해할 수 있는 단서를 발견할 수 있습니다.

명상 중에 생각이 나고 안 나고의 차원이 아니라 판단이나 개입 없이 어떤 생각, 어떤 느낌이 어떻게 나타났다 사라지는지 그 풍경을 알아차리도록 해보세요. 관심의 방향을 바꾸는 것이죠. '번뇌가 보리'라는 말이 있습니다. 잘만 활용하면 명상 중에 일어나는 생각들이 존재와 현상의 실상을 이해하는 중요한 자료가 되죠. 마음의 눈을 뜨고 지혜로운 인식을 할 수 있는 훌륭한 자양분이 되는 겁니다.

명상 중에 생각이 일어나면 그 생각 자체 때문에 성가셔하지 말기 바랍니다. 오히려 일어나는 생각을 통해 당면한 과제를 해결하고 몰랐던 것을 알아갈 수 있는 깨달음의 인연을 삼으세요.

05
있는 그대로 자신을 인정할 용기 ★

간혹, 아주 간혹 명상을 하다가 당혹스러울 때가 있습니다. 나 자신조차도 직면하기를 꺼리고 회피해 왔던 나의 진짜 마음이 훅하고 얼굴을 내밀기 때문이죠. 뭔가 말 못 할 사연이 있다는 건 알지만 마주하기가 두려워 꽁꽁 숨겨두고 싶었던 마음을 명상 중에 정면으로 맞닥뜨리면 적지 않게 당황스럽습니다. 눈물이 왈칵 쏟아지기도 하죠.

명상이 익숙해지고 몸과 마음의 긴장이 완전히 풀리면서 이런 일이 일어나곤 합니다. 인정하고 싶지 않았던 진심이 무장 해제된 의식의 틈을 타서 불쑥 떠오른 거죠. 자주 있는 일은 아니지만 명상 중에 이런 순간을 마주할 수 있습니다. 특히 명상에 익숙하지 않은 분들은 이런 상황을 두려워합니다. 누구든 마주하고 싶지 않은 자신의 본심을 직면하기란 힘겨운 법이니까요.

마음은 대단히 교묘합니다. 인정하기 싫고 숨기고 싶은 사연은 자신조차 속이려 들죠. 그래서 특별히 관심 갖지 않으면 우리 자신을 잘 알지 못하는 채로 살아가기가 쉽습니다. '괜찮은 척' '아무렇지도 않은 척' '강한 척' '행복한 척' 그렇게들 살아가죠. 그러다가 산란한 마음이 가라앉고 완전한 이완이 되면서 자신의 속내가 드러나 마주하게 된 겁니다. 평소에는 자신조차도 잘 지내는 줄 알았지만 마음 깊은 곳에 말 못 할 사연을 안고 살아가고 있었던 거죠.

욕심이 없는 줄 알았는데 사실은 우울해서 의욕을 잃어버린 자신임을 발견하는 순간, 누군가를 깊이 사랑하면서도 거절당할까 봐 아닌 척 숨겨왔던 속마음이 불현듯 고개를 내미는 순간, 겉으로 잘난 척하고 살아왔지만 사실은 타인으로부터 거부당할까 봐 속으로 불안해하고 있는 자신을 마주하는 순간…….

인정하기 두렵고 직면하기 버거운 다양한 문제가 여과 없이 적나라하게 드러나니 적잖이 당황스럽죠. 그럴수록 달아나지 말고 그 감정과 느낌에 충분히 관심을 기울여 줄 필요가 있습니다. 혼자 명상 중이니 다른 사람 눈치 볼 것도 없죠. 충분히 시간을 갖고 있는 그대로 느낌이나 감정을 허용하면서 깊이 들여다봅니다. 그러면서 몰랐던 사실을 이해하게 되고, 인정할 건 인정하면서 실질적인 해결법을 모색해 가는 거죠. 진정한 자신에게 다가가는 계기를 갖는 겁니다.

이런 순간을 마주한다는 것은 명상이 진전되었다는 신호이기도 합니다. 마음이 산란하거나 잔뜩 긴장하고 있으면 속 깊은 내면의 모습은 좀처럼 그 얼굴을 드러내지 않죠. 그렇게 명상을 통해 때때로 자신도 미처 몰랐던 자신의 또 다른 모습을 마주하면서 껍데기를 벗고 순간순간 성장해 나갑니다. 다른 사람을 속일 수는 있어도 자기 자신은 속일 수 없죠.

때로는 용기가 필요합니다. 있는 그대로 자신을 인정하는 용기가 필요하죠. 직면하기보다 달아나는 쪽을 택하고 싶은 유혹도 있고, 부인하거나 회피하고 싶은 관성의 법칙도 만만치 않습니다. 하지만 해결되지 않은 문제나 욕구는 사라지는 법이 없습니다. 억눌려 있다가 언젠가는 얼굴을 내밀죠. 기회만 되면 해결해 달라고 아우성을 칩니다.

문제는 현대인들이 기회를 잘 주지 않는다는 거죠. 술을 마시거나 다른 일에 정신을 쏟으며 정작 중요한 문제는 옆으로 밀쳐두고 싶어 합니다.

하지만 명상은 있는 그대로 우리 자신을 직면하게 합니다. 직면해서 더 자기다운 자신으로 거듭나게 하죠. 그래서 결국에는 우리 각자가 가장 자기다운 모습으로 피어나도록 이끌어줍니다. 비교하지 않고 눈치 보지 않는 자기 자신으로 당당히 존재하는 길을 열어주죠.

혹시라도 명상을 하다가 자기도 모르는 자신의 숨김없는 모습에 놀랍거나 당황스럽더라도 명상은 계속되어야 합니다. 오히려 나아지고 있는 과정이니 기뻐할 일이죠. 두려워하지 말기 바랍니다.

06
지난날의 잘못이
자꾸 떠오를 때 ★

명상에 익숙해지고 마음이 고요해지기 시작하면 자기 마음의 움직임이 보입니다. 생각이 일어나서 스쳐 지나가는 것이 보이죠. 생각이 들어올 때와 머무를 때, 나갈 때를 알아차리게 된다는 말입니다.

대부분의 생각은 갑자기 일어나고 알아차리면 사라지곤 하죠. 그런데 어떤 생각은 떠나지 않고 오래 머무르는 경우가 있습니다. 지난 잘못에 대한 후회나 아쉬움 같은 것이죠. 일단 그 생각이 한번 들어오면 꼬리에 꼬리를 무는 생각이 계속해서 일어납니다.

'도대체 왜 그랬을까? 그러지 말았어야지. 다음엔 이렇게 해야지.'

어떤 날은 누가 물어보지도 않는데 혼자서 변명하고 계획을 세우고 있는 자신을 발견하기도 하죠. 억지를 써서라도 명분을 찾으려고 이런저런 이유를 대보지만 쉽게 수긍이 되지 않습니다. 집요하죠. 아무리 생각을 멈추려 해도 사라지기는커녕 점점 더 복잡하고 산만해집니다.

일어나는 생각을 억누른다고 될 일은 아닙니다. 다시 생각나지 않도록 어떤 조처가 필요하죠. 우리 대부분은 실수를 용납하기 싫어합니다. 그렇다고 자기가 잘못한 것을 모르는 바도 아니죠. 인정하기는 싫은데 자기 잘못임을 아니까 갈등이 발생합니다.

실수를 용납하기 싫어하는 그 마음이 걸림돌이죠. 자기 실수를 인정하지 않는 아만(我慢) 또는 욕심입니다. 그 아만이나 욕심 때문에 자꾸 다른 핑곗거리를 찾거나 명분을 찾으려고 마음이 가만히 있지를 못하죠. 더구나 타인에게는 더욱 들키고 싶지 않습니다.

그 마음 하나만 내려놓으면 문제는 간단해집니다. 사람은 누구나 실수를 할 수 있고, 실수에서 배울지언정 부끄러워할 일은 아니라는 걸 인정하는 거죠. 그렇게 인정하고 해소해야 잡념이 잦아듭니다. 그 문제를 해결하지 않고서는 아무리 눈을 감고 앉아 있더라도 명상을 잘하기가 어렵죠. 지속적인 도전을 받는 겁니다. 잡념이 계속 일어나는 거죠.

어떤 생각은 명상하면서 가만히 알아차리기만 해도 사라집니다. 하지만 어떤 생각은 그 근원을 인식하고 인식의 전환이나 실질적인 어떤 조처가 필요하죠. 그냥 말없이 앉아 있어서 해결할 수 있는 문제가 아닙니다.

그러니 명상 중에 떠오르는 지난날의 잘못에 대해서는 '솔직하게 인정'하는 겸허함이 필요합니다. 그렇게 잘못을 시인하면 불필요한 변명이나 명분 찾기를 위한 잡념은 멈출 수 있습니다.

우리가 일괄적으로 잡념이라고 여기는 명상 중에 일어나는 생각들은 깊이 들여다보면 유형이 다릅니다. 어쩔 수 없는 막연한 생각도 있지만 분명한 이유가 있는 경우도 많죠. 이유가 있는 생각들은 삶 속에서 적극적으로 문제 자체를 해결해버리면 잡념의 근원적인 뿌리를 끊어낼 수 있죠.

특히 지난날의 잘못이 자꾸 떠오를 때는 솔직하고 겸허한 인정이 큰 도움이 됩니다. 잘못한 건 잘못한 것이고, 다시 반복하지 않도록 노력하면 되는 거죠. 과거의 기억을 지우려 하거나 만회할 명분을 찾는 일은 무모합니다. 지속적인 잡념을 불러올 뿐이죠.

07
명상 중에 경험하는 특별한 느낌 ★

앉아서 명상하다 보면 여러 가지 현상을 경험할 수 있습니다.

단순하게 몸 여기저기 가려운 것 같기도 하고, 머리가 시원해지는 느낌이나 단전이 따뜻해지는 느낌, 몸이 떨리거나 사라지는 느낌, 머리에서 단전까지 큰 관이 되어 뻥 뚫리는 느낌 같은 여러 가지 현상이 있을 수 있죠. 아주 기분이 좋아질 때도 있습니다. 세상 다 가진 사람처럼 축복받은 느낌이 들기도 하고 다행감이 밀려오기도 하죠. 고요함에서 오는 말할 수 없는 편안함, 몸도 마음도 사라지고 오직 깨어있는 느낌이 주는 충만감 등등 신기한 경험도 많습니다.

한 번이라도 그런 경험을 하게 되면 그 좋았던 기분이나 느낌을 잊지 못하고 자꾸 다시 경험하고 싶어 하죠. 자기도 모르게 그때의 경험을 재현하려고 노력합니다. 때로는 자신이 대견하고, 신기하다 싶은 마음에 다른 사람에게 자랑하듯 말하며 즐거워도 하죠.

경험이 없는 사람은 그런 이야기를 들으면 부러움을 느끼고 본인도 경험해 보고 싶어 합니다. 심지어는 스스로 실망하고 좌절하기도 하죠. '나만 못 느끼는 건가? 뭐가 문제지? 그런 경험은 어떻게 하는 거야? 나는 언제쯤 저런 경험을 할 수 있을까?'

명상을 하다 보면 천인천색의 경험들이 존재합니다. 사람마다 특별한 경험의 사연을 갖고 있죠. 하지만, 이러한 경험들은 명상의 주된 기능이나 본질에서 벗어난 경우가 많습니다.

간혹 명상이 진전되면서 특별한 느낌을 받을 수는 있죠. 그렇다고 해서 그것이 모든 사람이 통과해야 할 필수 코스는 아닐뿐더러 다시 똑같은 경험을 반복하기는 쉽지 않습니다. 집착할 일은 더욱 아니죠. 그러므로 명상 중에 체험하게 되는 다양한 경험에 너무 의미를 부여하지 않는 마음가짐이 필요합니다.

명상의 중요 기능 중 하나는 에고 또는 자기중심적인 나라고 착각하는 '작은 나'를 내려놓는 일이죠. 그런데 '나는 특별해' '나는 조금만 노력해도 큰 진전이 있을 거야' '다른 사람보다 잘하고 있음에 틀림없어' 등과 같은 마음 자세는 오히려 에고를 강화해서 명상의 본래 기능으로부터 멀어지게 합니다.

명상 중에 일어나는 많은 현상은 '그저 스쳐 지나가는 경험' 정도로 무심하게 대하는 것이 답입니다. 특별한 경험이나 기분에 너무 동요하지 말라는 거죠.

하지만, 조금 주의를 기울일 필요가 있는 느낌이나 경험이 있을 수 있습니다. 잘못된 자세나 호흡으로 몸에 무리가 되어서 생기는 현기증이나 불편함이 있을 수 있죠. 실제로 호흡을 잘못해서 가슴이 답답하거나 등을 펴느라 척추에 과도한 힘을 가해서 허리에 문제가 되는 경우도 있습니다.

어떤 사람은 명상 중에 몸이 사라지면서 자기가 없어지는 것 같아서 무서워서 명상을 못하겠다고 호소하기도 합니다. 이러한 경우는 믿을만한 지도자에게 구체적인 경험을 공유하면서 상의하는 것이 필요하죠.

명상 중에 일어나는 특별한 경험에 너무 집착하지 말기 바랍니다. 자랑하거나 자부심을 느낄 일은 더욱 아니죠. 그럴수록 기대와 바람을 내려놓고 순수한 마음으로 명상을 지속하는 일이 필요합니다. 아무것도 바라지 않는 순수한 마음이라야 하죠. 좋은 점은 그저 자연스럽게 따라오는 것이어야 합니다.

08
마음 거울에
비치는 나 ★

우리의 외모는 거울을 보면 알 수 있습니다. 옷이 잘 어울리는지, 얼굴에 뭐가 났는지, 헤어스타일이 제대로 되었는지, 표정이 밝은지 어두운지. 거울에 다 나타나죠. 그래서 사람들은 수시로 거울을 봅니다. 거울을 보면서 밖으로 보이는 자신의 모습을 관리하죠.

그렇다면 마음은 어떨까요? 마음도 때때로 외모로 드러납니다. 앞모습에 보이지 않던 쓸쓸함이나 밖으로 내색하지 못한 기쁨이 뒷모습에서 보이기도 하죠. 너무 기쁜 사람은 뒷모습이 춤을 춘다고 합니다. 그러면 그런 단순한 감정 말고 복잡하고 훨씬 내밀한 우리의 마음은 어떻게 비춰볼 수 있을까요?

바로 명상입니다. 명상을 하면서 가만히 앉아 있으면 여러 가지 생각이 일어나죠. 사람들은 잡념이라고, 나지 않아야 할 생각이 난다고 막연히 없애려고 합니다.

하지만 명상 중에 일어나는 생각들을 자세히 보면 우리 자신이 보입니다. 이성이나 예의라는 이름으로 눌러 놓은 욕구가 스멀스멀 올라오기도 하고, 남몰래 감춰둔 깊은 슬픔이나 외로움이 불현듯 올라오기도 하죠. 마주하기 싫어서 회피하던 해결되지 못한 문제들이 해결해 달라고 아우성을 치기도 합니다. 인정하기 부끄러워 부인하며 핑계 대고 있는 나의 과오가 떠오르기라도 하면 얼굴이 화끈거리며 화들짝 놀라기도 하죠. 다른 사람 모르게 나만 알고 있던 사실이 어디에 숨어 있다가 갑자기 명상 중에 나타나서 사람을 당황스럽게 합니다.

평소 알게 모르게 눌러놓고 회피하던 욕구나 기억, 감정이 명상을 통해 이완된 틈을 타서 불현듯 떠오르는 거죠. 이런 나만의 내밀한 정보들을 한꺼번에 '잡념'이라고 치부하고 없애고 잊어버리려고만 할 일은 아닙니다.

명상이 끝나면 명상 중에 일어난 생각을 바둑에서 복기하듯이 한번 쭉 돌려서 다시 들여다볼 필요가 있죠. 거울을 보는 심경으로 어떤 생각이 내 마음을 스쳐 지나갔나 들여다보는 겁니다. 그렇게 명상 중에 일어난 생각을 자세히 들여다보면 나의 현주소가 보이죠. 나는 요즘 어떤 생각을 많이 하는지, 어떤 생각이나 감정이 내 안 깊숙한 곳에 해결되지 못하고 있는지, 관심 기울여 주지 못한 내 안의 욕구는 어떤 것이 있는지 다 보이는 거죠.

이렇게 명상 중에 일어난 생각들을 자세히 들여다보면 있는 그대로 나를 볼 수 있습니다. 꾸미거나 숨기거나 외면하는 내가 아니라 순수하고 가식 없는 날 것 그대로 내가 보이는 거죠. 때로는 이런 내 모습에 당황스럽기도 하고 부끄러울 수도 있습니다.

하지만 이렇게 자신을 있는 그대로 직시하는 일은 명상이 주는 또 하나의 매력이죠. 거울도 자꾸 보면 익숙해지고 자연스럽게 거울을 보며 외모를 다듬듯이, 명상을 통해서 우리 자신을 비춰보는 일도 차츰 적응을 합니다. 적응을 하면서 인정할 건 인정하고, 시정할 것은 시정하죠. 스스로를 용서하는 기회로 만들 수도 있고, 적극적인 변화를 도모하는 계기로 만들 수도 있습니다.

무엇보다 자신의 있는 그대로 모습을 마주한다는 사실이 중요하죠. 우리는 우리를 잘 모릅니다. 잘 모르니까 자꾸 시선을 밖으로 향하고 남들이 어떻게 하는지 살피고 눈치 보죠. 우리 자신에 대해서 잘 알면 그럴 필요가 없어집니다. 모르는 것이 문제지 알기만 하면 우리는 어떻게든 길을 찾으려는 노력을 할 테니까요.

그런 점에서 명상 중에 떠오르는 생각을 통해 나를 비춰보는 과정은 꽤 유익합니다. 명상 중에 잡념이 무성하다고 실망하지 말고 명상이 끝난 후에 일어난 생각들을 잘 들여다보기 바랍니다.

명상 중에 하라는 말이 아닙니다. 명상 중에 들여다보려는 마음을 일으키면 그때부터 일어나는 생각은 잡념이죠. 이미 순수성을 잃어버리기 때문입니다. 명상 중에는 인위적인 모든 노력을 멈추고 내려놓아야 하죠. 생각을 쉬면서 몸과 마음을 이완하고 동시에 오감을 활짝 열어서 온전하게 지금 여기에 그저 존재합니다.

인위적인 노력을 멈추고 다만 지금 여기에 존재하려고 해도 많은 생각이 자연스럽게 올라오죠. 할 수 있는 일이 없습니다. 그냥 알아차리면서 계속 바라볼 뿐입니다. 오고 가는 생각에 관여하거나 쫓아내거나 불편하게 여기지 말고 그저 알아차리는 거죠. 그렇게 명상할 때는 명상만 하고 명상이 끝난 후에 필름을 역으로 감듯이 어떤 생각이 들어왔다 나갔는지 들여다보는 겁니다.

들여다보면 정말 쓸모없는 잡념도 있죠. 뿌리 없이 둥둥 떠다니는, 먼지처럼 맥락 없이 그냥 흩날리는 생각들이 있습니다. 심지어 자기가 무슨 생각을 하는지도 모르게 끊임없는 생각들이 왔다가 사라집니다. 대부분 기억도 나지 않죠. 의미 없는 생각이라 그렇습니다.

복기하듯이 명상 중에 무슨 생각을 했는지 들여다보려 해도 처음에는 자신이 무슨 생각을 했는지 잘 모릅니다. 차츰 마음이 고요해지고 알아차리는 힘이 강해지면 필름을 돌리듯 생각해 보면 알 수 있습니다. 자연스럽게 나의 현주소를 보여주는 유의미한 생각이나 감정을 알아차리게 되죠.

그러니 명상 중에 일어나는 생각을 너무 문제로만 여기지 말고 자연스럽게 알아차리는 힘을 길러가길 바랍니다.

09
잘하려는 마음마저 내려놓고 ★

잘하려고 하면 오히려 안 되는 게 있죠. 바로 명상입니다. 이미 시작을 했으니 잘해야 할 것 같은데 너무 잘하려고 의욕을 부리면 안 된다니 좀 난감합니다.

직접 해보세요. 명상을 잘하려고 하면 일단 몸이 긴장되죠. 명상을 마치고 여기저기 아플 수도 있습니다. 잘하려고 하는 그 마음 때문에 자기도 모르게 몸에 힘을 준 거죠. 주로 목과 어깨가 아프거나 등이 아플 수도 있습니다. 마음에도 영향을 미치죠. '어떤 상태가 잘하는 명상'인지 자기도 모르게 계속 탐색하는 거죠. 그러다 보면 자연스럽게 특별한 현상이나 체험에 관심이 가고 조금만 색다른 경험을 하면 자꾸 기대하게 됩니다. 길을 잃은 거죠.

그렇다고 잘하려는 생각이 없으면 방심이 되어 졸기 쉽고 잡념이 일어나도 잡념이 일어난 줄도 모릅니다. 잡념을 한 마리의 새라고 한다면 여기저기서 날아오는 새들과 말을 섞으며 놀고 있는 겁니다. 수도 없는 새들이 날아오죠.

'명상 마치고 뭐 먹지? 오늘은 왜 이렇게 시간이 안 가? 아, 집에 전화해야 하는데! 어제 부친 택배는 들어갔나? 내일 비 오면 어쩌지? 오늘따라 왜 이렇게 밖이 시끄러워?'

마음이 고요하지 않습니다. 과거와 미래를 오가며 각종 새들이 말을 걸어오죠. 몸은 앉아 있지만 마음은 쉴 새 없이 수다를 떨며 시간을 허비합니다. 어떻게 해야 잘하려는 마음 없이 실질적으로 명상을 잘할 수 있을까요?

명상을 잘하고자 하는 의도는 확고해야 합니다. 하지만 명상할 때는 그 마음마저 내려놓고 몸과 마음을 충분히 이완하고 쉬는 일이 중요하죠. 몸은 자세를 유지할 수 있는 힘만 남기고 완전히 힘을 뺍니다. 마음도 모든 기대와 바람을 내려놓고 편안하게 쉽니다. 몸과 마음을 편히 쉬면서도 정신은 바짝 차려야 하죠. 정신마저 놓아버리면 잠에 떨어지거나 자세가 무너지거나, 해이해집니다. 생각이나 감정은 내려놓지만 정신을 차리고 의식은 더욱 또렷이 하는 거죠.

명상할 때는 균형감각이 중요합니다. 분명히 놓았는데 잡아야 하는 거죠. 몸과 마음을 쉬고 쉬면서 생각과 감정을 내려놓으면서도 생각과 감정 너머에 있는 의식은 깨어있어야 합니다. 평소에 사람들이 실수하거나 의도치 않은 일을 하게 되면 말하죠. "정신 차려!" 바로 그 정신을 차리는 겁니다. 영성 또는 신성, 본성, 순수의식. 그 무엇이라고 표현해도 상관없죠.

아무튼 생각이나 감정과 같은 마음을 쉬고 쉬면서도 정신은 면도날처럼 예리하게 깨어있어야 합니다. 쉽지는 않죠. 그러니 아무리 책을 읽고 좋은 법문을 듣는다 하더라도 개인적인 경험이 아니고는 명상의 참맛을 알 수 없습니다. 실제로 본인이 직접 경험해 보는 것이 중요하죠. 명상이 주는 맛을 경험하기 시작하면 그 매력에 빠져듭니다. 스스로 경험하게 되면 누가 뭐라고 해도 생활 속에서 실천하게 되죠.

명상을 잘하려면 막연한 의욕이 아니라 포기하지 않고 끊임없이 공을 들여야 합니다.

힘을 빼고 쉬고 쉬면서도 정신을 바짝 차려서 자기가 어떻게 명상하고 있는지를 알아차려야죠. 한번 앉은 자세가 무너지든, 졸든, 잡념에 흔들리든 그대로 두는 것이 아닙니다. 자세가 무너지면 등을 똑바로 세우고, 긴장하면 어디가 긴장되는지 알아차려서 이완하고, 잠이 오면 눈을 크게 떠서 졸음을 물리치고, 잡념에 끌려다니고 있으면 정신 차려서 잡념을 떨쳐야죠.

간혹 명상을 하려고만 하면 너무 잠이 쏟아진다는 사람들이 있습니다. 그럴 때는 두 가지를 점검해 볼 필요가 있죠. '내가 명상을 정말 하고 싶은가? 왜 하려고 하지? 꼭 지금 해야 할까?' 그 의도와 시기를 챙겨봐야 하는 거죠. 사람은 누구나 자기가 하고 싶어서 하는 일에는 열심입니다. 그런데도 불구하고 계속 잠이 온다면 진짜 명상을 하고 싶은지 스스로에게 물어봐야겠죠.

또 한 가지는 평소의 과로입니다. 아무리 하고 싶은 일이라도 몸이 너무 피곤하면 잠이 올 수밖에 없죠. 그럴 때는 의지만으로는 쉽지 않습니다. '선택과 집중'이 필요하죠. 우선순위에 따라 할 일을 선택하고 하지 말아야 할 일은 그만둬야 합니다.

명상이 꼭 하고 싶다면 다른 한 가지를 줄여야죠. 뭐든 다 하려는 것도 욕심이니까요. 너무 피곤하거나 잠이 오면 명상을 그만두고 쉬는 것도 방법입니다.

그러니 명상을 잘하려면 잘하려는 강한 의욕보다는 잘될 수 있는 조건을 갖춰나가는 것이 중요합니다. 평소에 정신을 산란하게 하거나 졸음이 쏟아지게 하는 일들을 줄이고, 명상할 때는 마음을 챙겨서 정성스럽게 해야 하죠. 정신을 차리면 명상 중에 무엇을 해야 하는지 스스로 알게 됩니다. 그렇게 공을 들여서 정신을 차리기만 하면 명상을 잘하려고 의욕을 부릴 때보다 훨씬 자연스럽게 진전이 되고 나아지죠. 명상은 무엇보다 자기 경험이 중요합니다.

10
생각이 많은 건 어쨌든 욕심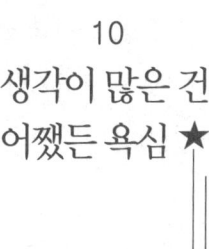

명상은 우리의 현주소를 정확하게 반영합니다. 의식하든 그렇지 않든 지금 이 순간 우리 자신이 보이죠.

아무 일도 하지 않고 가만히 앉아 있으면 사소한 걱정이나 후회를 비롯하여 다양한 생각이 떠오릅니다. 의식적으로 회피하던 생각까지 전부 떠오르죠. 거울에 비친 우리의 외모가 아니라 의식의 세계에 떠오르는 우리의 진짜 모습이 있는 그대로 드러납니다. 늘 밖으로 향하던 시선을 안으로 향할 때 나타나는 자연스러운 현상이죠. 평소에 주의를 기울이지 않았던 내면의 의식이 우리의 의지와 상관없이 떠오르는 겁니다. 셀 수 없이 많은 상념이 스쳐 가죠. 때로는 당황스럽기도 하고 성가시기도 합니다.

'이번에 안 되면 어쩌지? 큰일인데. 도대체 왜 이렇게 연락이 안 오는 거야? 네가 어떻게 그럴 수 있어? 맞아, 그거 빨리 처리해야 되는데. 내가 이런 생각을 하고 있었단 말이야? 이렇게까지 잊지 못하고 있는 거야? 지난번에 그렇게 하지 말았어야 했는데. 이렇게 많은 생각들이 대체 어디에 있다가 명상만 하려면 나타나는 거야?'

맥락 없는 생각들이 불쑥불쑥 떠오릅니다. 도대체 왜 이렇게 쓸데없는 생각이 많이 나는 걸까요? 생각을 줄일 방법은 없을까요?

명상하는 동안 어느 정도의 생각이 나는 것은 자연스러운 일입니다. 살아있는 사람의 건강한 뇌 작용이라고도 할 수 있죠. 하지만 생각이 너무 많은 것은 짚어볼 필요가 있습니다. '생각이 너무 많다'는 것은 명상을 하느냐 하지 않느냐의 문제뿐 아니라 살아가는 방식의 문제이기도 하니까요.

오랫동안 여러 측면에서 연구해 보았습니다. 결론은 욕심입니다. '완벽주의 성향 때문이다. 꼼꼼해서 그렇다. 실수하지 않으려고 그런다. 여러 가지를 생각해야 좋은 선택을 할 수 있다. 신중해서 그런다.' 아무리 그럴싸한 명분을 찾아보려 해도 결국은 욕심입니다.

근본적으로 좋은 것은 갖고 싶고 싫은 것은 피하고 싶은 욕심 때문이죠. 그 욕심 때문에 좋은 것이 오지 않을까 봐, 왔다가 가버릴까 봐, 싫은 것이 올까 봐, 와서 가지 않을까 봐 생각이 많아지는 겁니다. 세상은 크고 나는 작습니다. 그 작은 나의 소견으로 나에게 유리한 쪽으로, 내게 이익이 되게, 내 방식으로 하려다 보니 많은 생각을 할 수밖에 없죠. 게다가 자기가 욕심부리고 있는 걸 감추고 싶은 욕심까지 더해져서 정말 많은 생각을 하게 됩니다.

어쨌든 욕심입니다. 무엇이든 적당한 것이 좋죠. 공자님도 무슨 생각이든지 두 번이면 족하다고 했습니다. 이유가 뭐든 생각을 너무 많이 하면 원래 생각했던 의도와 상관없이 엉뚱한 방향으로 가기 쉽죠. 지금 이 순간에 존재하는 소중한 것들을 놓치게 됩니다.

명상하는 동안 자기 마음을 면밀히 바라보세요. 명상 중에 일어나는 모든 생각을 그냥 '잡념'이려니 생각하지 말고 어떤 생각이 주로 일어나는지를 정신 차리고 관찰해 보세요. 동시에 너무 많은 생각이 일어나는 것은 욕심이라는 전제로 바라보면 그 욕심의 원인도 인정하게 되죠. 그 욕심을 조금만 내려놓으면 여유가 생깁니다. 근심과 걱정이 줄어들면서 쓸데없는 생각도 많이 줄어들죠. 관건은 인정하느냐의 문제입니다. 내 욕심이라는 사실을 인정하기만 해도 마음이 느긋해지면서 이완이 되고 휴식이 되죠. 많은 생각을 하지 않아도 되는 자연스러운 상태로 접어드는 겁니다.

아무튼 생각이 너무 많은 건 욕심입니다. 명상할 때나 일상생활 속에서 생각이 너무 많다면 자신을 돌아봐야 합니다. 무엇에 끌리고 있는지, 무엇에 집착하고 있는지. 있는 그대로 자신을 인정하는 일이 모든 긍정적 변화의 시작입니다.

11
두려움이 없어지는 크기만큼 ★

"선생님 깨달으셨어요?"

밴쿠버에서 그룹 명상을 지도할 때 아끼던 학생이 대수롭지 않게 물어왔습니다. 훅하고 들어온 난데없는 질문에 솔직히 당황했죠. '내가 깨달았나?' 자신이 없었습니다. 뭔가 좀 알 것 같긴 한데 시원하게 깨달은 것 같지는 않았기 때문이죠. 동시에 내가 만일 깨달았다면 보통 사람과 무슨 차이가 있을까, 그리고 내가 깨달았는지 못 깨달았는지 어떻게 알 수 있는지가 궁금해졌습니다.

옛날처럼 끈끈한 사제 간의 도제교육이 주류였던 시대에는 제자의 공부 진전 상황을 스승이 정확하게 알고 있었죠. 학생 또한 자신이 깨달았는지 못 깨달았는지 스승에게 전적으로 의지했습니다. 요즘은 상황이 많이 다르죠. 요즘처럼 인지가 밝은 시대에는 자신의 명상이나 수행의 진전을 스스로 알 수 있고 또 알아야 한다는 생각이 강하게 들었습니다. 어쩌다 누가 형식적으로 깨달음을 인가한다고 한들 스스로 확신이 없다면 무슨 의미가 있나 싶기도 했죠.

'내가 만일 깨달았다면 어떤 점이 확실히 달라질까?' 의문이 깊어졌습니다. 한동안 이 질문이 뇌리를 떠나지 않았죠. '과연 깨달은 사람과 그렇지 못한 사람을 나누는 중요한 기준이 뭘까? 내가 어떤 마음이 되어야 비로소 깨달았다고 할 수 있을까? 명상 선생이라는 사람이 어느 정도 차별화된 안목을 갖지 못한다면 선생으로서 자격이 있나?' 정말 궁금해졌습니다. 하지만 그리 오래 걸리지 않았죠. 오래 생각하지 않아도 바로 명료해졌습니다. 아직 깨닫지 못했음을 인정하게 된 거죠. 두려움이 남아있었기 때문입니다. 그 친구에게도 고백했죠.

"나, 아직 못 깨달았음이 분명해. 두려움이 남아있어. 따라서 선생님 될 자격도 없는 것 같아. 친구 하자. 같이 공부하는 도반."

그렇게 도반 삼아 지내며 세월이 흐르고 흘렀건만 두려움이란 문제는 쉽게 해결할 수 있는 일이 아니었습니다. 쉽게 해결되지 않다 보니 중요 관심사에서 멀어져 갔죠. 잊혔던 겁니다. 그러곤 '본성'으로 관심이 옮겨갔죠. '본성'을 보아야 깨닫는다고 하니 도대체 본성이 뭔지 궁금해졌습니다.

'도대체 본성은 어떻게 볼 수 있지? 본성은 어떻게 생긴 거야? 본성에 합일하는 명상은 어떻게 하는 거지?'

거의 4~5년 정도 본성에 대한 궁금함을 떨치지 못했죠. 너무 궁금해서 책이든 선생님이든 명상에 관한 내용을 접할 때마다 본성에 집중했습니다. 평소 생활하면서도 본성에 관한 의문은 계속되었죠. 그러다 우연한 기회에 본성에 관한 경험이 조금씩 생겨나기 시작했습니다. 오랜 세월 잊지 않고 계속 의문하면 내 안에서 어떤 답이 올라오고 경험이 생겨나죠.

'이제 조금 알 것 같아.'

하지만 여전히 뭔가 부족한 느낌이 들었습니다. '이게 뭐지?' 아직도 해결되지 못하고 있는 이 문제.

결국 두려움이었습니다. '아직도 멀었군.' 두려움이 남아있다는 건 '나'에 대한 '집착'이 남아있다는 거죠. 나에 대한 집착이 남아있다는 건 나에 대한 본질을 깨닫지 못한 명백한 증거입니다. 누구에게 물어볼 것도 없고 확인받을 필요도 없었죠. 그 이후로 명상의 관심사가 '두려움'으로 옮겨졌습니다.

명상을 아무리 좋아하고 오래 한다고 해도 실질적으로 마음 깊은 곳의 두려움을 해결하지 못한다면 명상은 제자리걸음을 하고 있는 겁니다. 자칫하다가는 명상하는 시늉만 했지 핵심을 놓칠 수 있다는 생각이 들었죠. 다시 관심의 방향이 두려움으로 되돌아갔죠. 이번에는 좀 더 진심이었습니다.

'나는 무엇을 두려워하는가? 왜 두려워하는가? 과연 그것이 정말 두려워해야 할 일인가? 두렵지 않다면 어떻게 되는 건가? 두려움 없는 사람은 어떻게 사는가? 사람 몸을 가지고 두려움 없이 산다는 게 가능하기는 한 걸까?'

저뿐만이 아니죠. 많은 사람이 두려움 때문에 걱정하고 삽니다. "좋지 않은 일이 일어나면 어쩌지? 이렇게 소중한 게 사라지면 어쩌지? 잘할 수 있을까? 혹시라도 잘못되면 어떡하지?" 걱정 없는 사람이 없다고 해도 과언이 아니죠.

걱정이 없어질 만하면 새로운 걱정거리를 찾는 것도 우리의 현실입니다. 심지어 화를 내는 것도 그 바닥에 깔린 지배적인 감정은 두려움이죠. 두려움이 정도를 넘어서면 화로 분출됩니다. 이 두려움의 문제는 저뿐만 아니라 우리 모두의 문제죠. 극복하고 싶지만 그 해결이 쉽지 않은 근원적인 문제입니다.

어떻게 하면 이 두려움을 극복할 수 있을까요?

다행히, 어찌할 수 없는 몹쓸 일들을 많이 겪은 후 어느 날, 마음이 갑자기 시원해졌습니다. 집착이 문제였다는 사실을 깊이 이해하게 된 거죠.

'이래야 한다, 저래야 한다.' 잘 알지도 못하면서 어떤 기준을 정하고 그 기준에 집착하면 그 집착의 크기만큼 두려움이 자랍니다. 중요한 것은 잘 알지도 못하면서 그런 판단을 내렸다는 사실이죠. '내가 잘 모를 수도 있다'는 사실을 인정하니 마음이 자유로워졌죠. 알지 못하는 것을 미리 두려워할 일이 아니라는 겁니다. 열린 마음이 관건입니다. 내 부족한 견해에 집착하지 않고 열린 마음으로 경험해 나가는 것이 중요하죠.

결국 두려움이 현격히 줄었습니다. 많이 자유로워졌죠.

누구라도 스스로 명상을 잘하고 있는지 잘 모르겠다면 본인의 두려움의 크기를 가늠해 보세요. 평소에 화가 자주 나는지, 무엇을 두려워하는지, 왜 두려워하는지, 과연 정말로 두려워해야 할 일인지 가만히 들여다보는 거죠. 기억하세요. 두려움이 없어지는 크기만큼 명상이 자랍니다. 명상이 자라는 만큼, 두려움이 없어지는 만큼 자유죠.

자유, 어디에도 얽매임 없는 자유! 얼마나 멋진 일인가요? 한 명이라도 더 명상을 알려주고 싶은 이유입니다.

12
생각은 생각보다
잘 안 비워지니까 ★

명상에 관심이 생기고 명상에 투자하는 시간이 늘어나면 사람들은 대부분 기대를 하게 됩니다. 도대체 언제쯤 생각이 없어질지. 명상하는 동안 아무리 노력해도 생각처럼 생각이 잘 비워지지 않기 때문이죠.

아이러니하게도 생각을 비우려고 하면 생각이 잘 비워지지 않습니다. 생각을 비우려고 애쓰지 말고 생각이 비워질 수 있는 방법에 익숙해지는 게 필요하죠. 생각이 비워지는 좋은 방법 중 하나는 생각에 무심해지는 겁니다. 몸과 마음의 긴장을 완전히 내려놓고 무심하게 그저 내 마음에 스쳐 가는 풍경들을 알아차리는 거죠. 생각이 나면 안 된다는 생각 때문에 신경을 곤두세우니까 더 많은 생각이 납니다. 그냥 무심하게 풍경을 바라보듯이 어떤 생각이 어떻게 일어났다가 사라지는지 그저 바라보는 거죠. 힘을 빼고 알아차리기만 하면 됩니다.

생각을 적군 대하듯 나타나기만 하면 물리칠 태세로 신경을 곤두세우면 끊임없이 일어나는 생각 때문에 마음이 요란해집니다. 실망도 되죠.

무심하게 생각을 대하기가 어려우면 관심의 방향을 바꿔주면 됩니다. 몸과 마음의 모든 긴장을 내려놓고 의식이 집중할 만한 일거리를 주는 거죠. 예를 들면 호흡에 집중하는 겁니다. 호흡이 들어오고 나가는 것에 집중하는 거죠. 또는 호흡하는 동안 숨이 들어오고 나갈 때 우리 몸에 어떤 변화가 있는지 자세하게 알아차리는 거죠. 숨이 들어올 때 배는 어떻게 움직이고 등은 어떻게 움직이는지, 숨이 나갈 때는 몸에 어떤 움직임이 있는지 집중해서 느끼는 겁니다.

이렇게 지금 이 순간에 존재하는 감각에 의식을 집중하면 생각이 끼어들 틈이 없습니다. 감각은 순간순간 변화하므로 거기 집중하다 보면 자연스럽게 생각이 사라져 버리죠. 생각이 사라진 줄도 모릅니다. 문득 알아차리면 생각하지 않고 있는 자신을 발견할 수 있죠.

관심을 생각에 두지 말고 마음을 활짝 열어놓고 지금 이 순간 우리 몸과 마음에 일어나는 감각에 집중해서 생각이 쉬어지게 하는 겁니다. 귀에 들리는 소리, 몸에 느껴지는 감각을 감지하다 보면 자연스럽게 현재에 오롯하게 존재하며 과거와 미래를 오가는 생각이 쉬어짐을 발견할 수 있죠. 그렇게 온 마음을 열고 지금 이 순간 나를 둘러싼 모든 것이 어떤 상황인지 오감으로 느끼면서 알아차리고 있으면 생각이 끼어들 여지가 없어집니다.

앞으로 명상할 때는 생각이 쉬어지지 않는다는 생각조차 하지 말고 생각을 비우려는 인위적인 노력 자체를 쉬어보세요. 그러면 생각을 쉬는 것이 아니라 자연스럽게 생각이 저절로 비. 워. 집니다.

명상하는데 생각이 쉬어지는 일은 누구에게나 쉽지 않습니다. 시간이 걸리는 일이죠. 하지만 진전은 분명히 있습니다. 처음에는 홍수로 불어난 강물에 떠내려오는 부유물과 같죠. 거친 물건들이 떠내려 옵니다. 큰 나뭇가지를 비롯하여 가정집 마당에서 쓰던 바가지나 세숫대야 등 큼직한 것들이 떠내려 오죠. 그러다 시간이 갈수록 점점 작은 것들이 떠내려 오다가 나중에는 얇고 가벼운 것들이 떠내려 옵니다. 명상할 때의 생각도 마찬가지입니다. 거친 것에서 미세한 것으로 변화하죠. 나중에는 크기에 상관없이 어떤 생각이 일어나도 생각에 휩쓸리지 않게 됩니다. 이런 변화는 서서히 진행되죠.

그러니 명상할 때 생각이 없어지지 않는다고 자꾸 신경을 쓰면 명상에 진전이 어렵습니다. 오히려 기대 없이 그저 명상을 하고 또 하다 보면 어느 날 스스로 느끼게 되죠. 어느새 생각이 많이 없어졌고, 생각이 나더라도 생각을 방해롭게 생각하지 않는 자신을 발견하게 됩니다. 믿음을 갖고 그저 하고 또 하는 일이 중요하죠. 자꾸 결과에 의문을 갖거나 자신이 잘하고 있는지 그렇지 않은지 의심하지 말기 바랍니다.

여섯. ★

명상 Q&A

01
명상하려면 욕심을 버려야 하나요? ★

Q

명상을 하려면 욕심내지 말라고 합니다. 마음을 비우려면 욕심이 없어져야 할 것 같기도 하고. 그런데 사람이 욕심이 있어야 성과도 내고 성취도 이루는 거 아닌가요? 욕심을 버리려고 하다 보면 삶에 의욕까지 떨어집니다. 어떻게 해야 하죠?

A

명상은 욕심을 버리는 게 아니죠. 오히려 욕심을 키우려고 하는 겁니다. 비우라는 마음은 자기만의 좁은 견해, 자기밖에 모르는 욕심, 자기가 알고 있는 것에 집착하는 마음이죠. 그 마음이 비워지면 자연히 새로운 안목이 열립니다. 더 많이 사랑하고 더 넓게 보고 더 멀리 보는 마음이 열리죠. 그러면 욕심이 오히려 커집니다. 더 잘 살고 싶은 마음이 생기는 거죠.

미국에서 검은 열풍을 일으키며 흑인 최초로 대통령에 당선된 버락 오바마의 '담대한 희망' 같은 욕심 말입니다. 감히 꿈도 꾸지 못할 것 같은 것을 희망하고 이루게 하는 욕심이 생기는 거죠. 세상을 보는 안목이 변하면 차원이 다른 욕심이 생깁니다. 내 사소한 욕심만 챙기려는 마음이 주위까지 돌아보는 여유와 균형감각을 갖게 되면서 욕심이 커져서 그렇죠.

또 한편으로 욕심부리지 말라는 말은 할 수 있는 최선을 다하되 집착하지 말라는 말이기도 합니다. 한자를 보면 그 지혜를 엿볼 수가 있죠. 욕심 욕(慾)은 '하고자 할' 욕(欲)에 '마음' 심(心) 하나가 더 붙은 것입니다. 하고자 하는 욕구에 마음 하나가 더 붙으면 집착이 일어나서 욕심이 되고 마는 거죠.

하고자 하는 의욕에 마음이 하나 더 붙어서 집착하게 되는 그 마음인 욕심을 내려놓으라고 하는 겁니다. 무슨 일이든지 욕심으로 하면 좋은 성과를 내기 어렵습니다. 그러니 욕심을 내려놓고 열심히 하면 훨씬 잘할 수 있죠. 그런 의미의 욕심은 줄일 필요도 없을뿐더러 없앨 일은 더욱 아닙니다. 의욕과 욕심을 구분해서 바람직한 의욕은 잘 발휘하도록 해야 하죠.

누구든 마찬가지입니다. 명상하는 사람이라고 해서 욕망을 도외시할 수는 없죠. 우리의 내면에서 일어나는 욕망은 생명체를 살아 숨 쉬게 하는 강한 원동력이니까요. 다만 그 욕망이 지속 가능한 것인지, 누구를 위한 것인지 통찰이 필요합니다. 지속 가능하고, 나뿐만 아니라 더 많은 사람에게 유익할 수 있는 욕망이라면 없던 욕망도 일으켜서 열정을 불태워야 하지 않을까요?

그 시작은 무엇보다 남의 눈치 보지 말고, 자신의 내면에 귀를 기울여 자신의 욕망을 직시하는 일입니다. 생각만 해도 가슴이 설레고 내 속에서 뭔가 꿈틀하는 마음은 어느 지점인가요?

02
멍때리기와
명상의 차이 ★

Q

명상을 '멍때리기'라고 할 수 있나요? 아무 생각 없이 멍.하.게. 가.만.히. 있는 거. 가끔 명상을 하려고 앉아서 생각을 안 하려고 하면 아예 생각 자체가 없어져서 멍때리는 기분이 들 때가 있어요. 그러면 바보가 된 것 같은 느낌이 드는데 그게 정상인가요? 명상과 멍때리기는 같은 건가요? 다른 거라면 그 둘의 차이는 뭔가요?

A

명상이 멍때리기와 비슷한 면이 있습니다. 생각을 쉰다는 측면에서는 아주 유사하죠. 생각이 너무 많을 때는 차라리 멍때리기를 하는 것도 도움이 됩니다.

한때 저도 많이 했습니다. 일이 많아서 머리가 복잡하고 어수선할 때는 아예 입으로 '멍~~~' 하고 소리를 내면서 생각을 떨쳐버렸죠. 그렇게 하면 신기하게도 생각이 뚝 하고 끊깁니다. 마치 머릿속에서 재잘거리던 아이들이 '그대로 멈춰라' 하는 노랫소리에 맞춰 일제히 멈춰 선 느낌이죠. 몸에 힘을 빼면서 시선을 안으로 거둬들이면 훨씬 효과적이죠. 어쩌면 생각을 비우기에 아주 쉽고 빠른 방법이기도 합니다. 평소에 우리가 가끔 하는 일이기도 하죠.

우리의 의지와 상관없이 무의식적으로 이러고 있을 때가 있습니다. 주위에 지인이 있으면 금방 알아보고 이야기하죠. "정신 차려!" 여기에 명상과 멍때리기의 중요한 차이가 있습니다.

멍때리기는 '정신이 없는 상태'이고 명상은 '정신을 차린 상태'라는 거죠. 의도적으로 생각을 일으키지 않는다거나 생각이 쉰다는 면에서는 매우 비슷합니다. 비슷하지만 정신을 차리고 있느냐 정신을 잃고 있느냐가 명상과 멍때리기를 가르는 중요한 기준이죠.

멍때리기는 그야말로 멍때리고 있어서 생각이 쉬어지면서 정신도 잃어버린 상태입니다. 머릿속이 비어버린 거죠. 그야말로 멍합니다. 아무것도 모르는 거죠.

이에 비해 명상은 모든 것을 압니다. 평소보다 더 또렷하고 광범하게 다 알죠. 아주 명료합니다. 다 아는데 차별 없게 아주 평등하게 모든 것을 알죠. 정신이 어떤 특정 대상에 고착되지 않고 환하게 다 압니다. 이 '아는 힘'이 중요하죠. 알아차림이라고도 합니다. 이 알아차림이 있느냐 없느냐에 따라 명상이 되기도 하고 멍때리기가 됩니다.

명상한다고 앉아 있지만 그 내용을 보면 다양하죠. 사진을 찍을 수 있다면 정말 다양한 장면이 가능할 겁니다. 멍때리고 있는 사람, 잡념에 빠져서 아예 생각을 하고 있는 사람, 일어나는 감정이나 생각에 빠져서 감정의 동요를 겪고 있는 사람, 다양하겠죠.

명상에서 알아차림(정신을 차리는 것)은 아주 중요한 요소입니다. 앉아서 명상하는 동안 계발된 알아차림의 힘이 일상생활에서 빛을 발하기 때문이죠. 알아차림이 있어야 평소에 내가 무슨 생각을 하는지, 어떻게 살고 있는지, 무엇을 해야 하는지, 무엇을 하지 말아야 하는지를 알아서 적절하게 판단하고 대응할 수 있습니다. 그렇지 않고 이 알아차림이 없으면 '나도 모르게' 실수하고 잘못된 선택을 해서 불필요한 고통을 겪죠.

그런 점에서 멍때리기는 엄밀한 의미에서 명상이라기보다는 오히려 정신적인 휴식에 가깝다고 할 수 있습니다. 머리가 쉬는 거죠. 때로는 이렇게 아무 생각 없이 멍때리기가 필요합니다. 종착지는 아니어도 시작점은 될 수 있죠. 그래서 '멍때리기 명상'이라는 표현도 합니다. 적절하게 활용하면 좋죠.

03
멀티태스킹이 낫지 않을까요?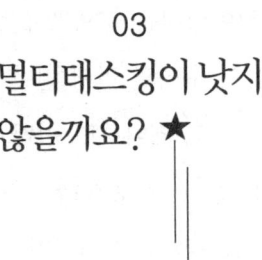

Q

여러 가지 일을 동시에 하는 것이 효율적일 것 같은데 명상에서는 한 번에 하나씩 하라고 합니다. '그 일 그 일에 온 마음을 다하라'고 말이죠. 단순한 일은 한꺼번에 여러 가지 해버리는 것이 낫지 않을까요? 예를 들어 밥을 먹으면서 TV를 본다든지, 길을 걸으며 통화를 한다든지 말이죠?

A

얼핏 생각하면 그렇게 하는 것이 효율적으로 보입니다. 시간을 절약하는 것처럼 느껴지죠. 하지만 명상적 시각에서는 작은 것을 얻고 큰 것을 잃어버리는 것으로 간주합니다. 시간을 아끼려는 그 바쁜 마음이 우리의 인생 전반을 야금야금 갉아먹어 버릴 수도 있으니까요. 왜냐하면 어떻게든 시간을 아끼고 효율을 높이기 위해 이것저것 동시에 하려는 삶의 태도는 인생의 소중한 것들을 놓치게 하기 때문입니다.

우선, 그런 마음가짐과 생활 태도가 습관이 되면 중요하고 소중한 일을 할 때조차 온 마음을 기울이기가 어렵습니다. 공부를 해도 정신을 집중할 수가 없고, 사업을 할 때도 온전하게 집중하지 못하죠. 공부나 사업에 진전이나 성과가 나지 않습니다. 대인관계를 할 때도 상대방의 말에 귀 기울이지 않으면 상대방이 좋아할 리 없죠. 의미 있는 만남으로 이어가기 어렵습니다. 마찬가지로 온 마음을 다하는 집중력이 없으면 우리에게 일어나는 다양한 문제를 마주하며 인생의 강을 건너가는 일이 위험해질 수도 있죠.

또한 그렇게 멀티태스킹 하며 살면 놓치는 것이 많습니다. 산해진미를 먹어도 소용이 없죠. 그 맛의 진가를 놓치기 때문입니다. 우리가 만나는 일과 사람과 사건들은 각기 소중한 점이 있죠. 그런데 우리가 또렷이 깨어있지 못하고, 온 마음을 다하지 못하면 그 모든 것의 참된 가치를 놓쳐버립니다. 일상에서 만나는 그 모든 것의 진정한 가치를 놓치고 우리가 과연 얻고자 하는 것이 무엇인지 생각해 볼 필요가 있죠.

반면 그 일 그 일에 온 마음을 다하면 우리는 사소한 것들로부터 잦은 감동과 기쁨을 발견할 수 있습니다. 심지어 매일 먹는 밥맛도 좋죠. 계절 따라 변해가는 싱그러운 나뭇잎들로부터 힐링 되기도 하죠. 뭉게구름을 보면서 어린 시절 동심을 떠올리며 미소 지을 수도 있습니다. 그러니 시간 조금 아끼자고 여러 가지 일을 한꺼번에 처리하려는 바쁜 마음은 얻는 것보다 잃는 것이 많죠. 일상에 널려있는 행복을 누릴 소중한 삶의 시간을 뺏기는 겁니다.

지금부터라도 평소에 여러 가지 일을 한꺼번에 해버리려는 바쁜 마음을 내려놓고 한 번에 하나씩 온 마음을 다해 보세요. 그 일 그 일, 그 사람 그 사람에게 집중하는 습관을 길들여 보는 거죠. 사람의 마음을 움직이고 원하는 일을 이루는 원동력은 많은 일을 한꺼번에 하는 것에 있지 않습니다. 단순해 보이지만 일상에서 만나는 그 모든 인연과 하고 있는 일에 생생하게 깨어서 온 마음을 다하는 데 있음을 잊지 말기 바랍니다.

너무 바쁘고 너무 할 일이 많아서 사랑하는 가족 얼굴 한번 제대로 보기 어렵다면 그것이 정말 자신이 원했던 행복의 길일까요? 정신을 똑바로 차리고 알아차려야 합니다. 눈 밝은 분들은 아셨죠. 순간순간에 온 마음을 다하는 과정에 우리가 진정으로 원하는 행복의 길이 있음을.

04
감정 기복이 심한 동료를
어떡하면 좋을까요?

Q

사무실 동료 한 사람이 별일 아닌 일에 너무 쉽게 화를 내고, 기분이 좋을 때는 혼자서 웃고 떠들고 시끄러워 죽겠어요. 기분이 나쁘면 맥락 없이 화를 내서 우리가 눈치를 보게 되고, 기분이 좋아도 너무 오버해서 같이 지내기가 힘들어요. 명상하는 사람으로서 감정 기복이 너무 심한 사람은 어떻게 대해야 하나요?

A

다른 사람의 감정 기복이 내 삶에 문제가 되는 이유가 뭘까요? 그 사람의 감정에 영향을 받는 자신이 싫은 거겠죠. 그 사람이 기분이 좋아서 호들갑 떠는 것도 보기 싫고, 기분이 나빠서 다른 사람을 불편하게 하는 것도 싫을 수 있죠. 그렇지만 내 판단을 섞지 말고 상대방의 감정을 있는 그대로 바라봐 주면 어떨까요? 나의 생각을 접어두고 그 사람의 상태만 사실 그대로 보고 인정해 주는 거죠.

그 사람이 기분이 안 좋아 보이더라도 마음속으로 이런 생각을 하지 않는 겁니다. '자기가 기분이 나쁘면 나쁜 거지 왜 우리한테 화를 내고 그래? 또 기분이 안 좋나 보네. 무슨 트집을 잡을지 모르겠군. 왜 저 사람 때문에 우리가 이렇게 눈치를 봐야 하는 거야? 도대체 저 사람은 성격이 왜 저래? 괜히 또 나한테 화내는 거 아니야?'

기분이 좋아 보일 때도 마찬가지죠. '또 시작이네. 오늘은 또 무슨 좋은 일이 있는 거야? 자기 기분 좋다고 이렇게 떠들어도 돼? 기분이 좋을수록 자중해야지. 자기 기분 좋다고 다른 사람 기분은 상관도 안 하나? 진짜 이상한 사람이야.' 이런 식으로 내가 신경을 쓰고, 예측하고, 판단을 하면 내 마음이 더 요란해지고 힘들어지죠.

그렇게 하지 말고 이렇게 해보면 어떨까요?

나의 기분이나 생각을 개입하지 말고 그저 객관적으로 바라보는 거죠. 그(그녀)가 오늘도 화가 났구나 하는 사실만 인식하는 겁니다. 왜 화가 났는지, 사무실에서 화를 내는 게 옳은지 그런 생각을 하지 말고 그(그녀)가 화가 났다는 사실만 감안하는 거죠. 기분이 좋을 때도 마찬가지입니다. 그(그녀)가 오늘은 또 왜 기분이 좋은지, 기분 좋은 일을 저렇게 요란하게 표현해도 되는지 문제 삼거나 '아무리 좋아도 좀 조용히 있지' 하는 개인적인 감정개입을 하지 않고 그저 그(그녀)의 기분이 좋다는 사실만 이해하는 거죠. 그렇게 있는 그대로 사실만 바라보면 훨씬 상대방을 대하기가 수월해집니다.

'어쩜 저렇게 감정 기복이 심하지? 주위 사람도 신경 좀 쓰지.' 하는 식으로 판단하고 평가하는 나의 기대와 요구가 문제일 수 있죠. 정작 상대는 주위 사람이 불편을 느끼고 있는지 인식하지 못할 수 있습니다. 우리도 기분 따라 다르게 행동하니까요. 그(그녀)가 조금 더 유별날 수는 있지만 문제 될 상황은 아닐지도 모른다는 겁니다.

나의 판단이나 기대가 개입되면 문제는 달라지죠. 사소한 상대방의 감정에까지 신경이 쓰이거나 거슬리고 영향받을 수 있습니다. 그저 성격이 다른 사람들이 같이 일하는 사무실에서 일어날 수 있는 많은 일 중 하나라 생각하고 편안히 받아들이면 어떨까요?

또 다른 방법은 공감입니다. 그(그녀)가 화가 났으면 '화가 많이 났나 보네.' 하면서 이해를 해주고, 기분이 좋으면 '기분 좋은 일이 있나 보다. 한 사람이라도 기분 좋은 일이 있으니 좋네.' 이런 식으로 공감하고 이해하는 거죠. 그렇게 그(그녀)가 남으로 존재하지 않고 또 다른 나를 대하는 심경으로 이해하면 그(그녀)의 감정 기복에 조금은 더 관대해질 수 있습니다.

어떤 경우는 그(그녀)가 전적으로 문제인 경우도 있죠. 진짜 성격이 이상하거나 병원 치료가 필요한 상태일 수도 있습니다. 그런 경우는 조금 다른 상황이니까 대처도 달리해야겠죠.

명상하는 사람으로서 일단 그(그녀)는 가만히 두고 내 마음, 나의 태도를 먼저 점검해 보는 겁니다. 그렇게 내 마음을 관리했는데도 안 되면 그때 가서 다른 해결책을 찾아봐야겠죠.

05
중요한 과제일수록 걱정돼서
집중이 안 돼요 ★

Q

중요한 과제가 있으면 걱정이 많아서 집중이 잘 안 됩니다. 빨리 처리해야 하는데 '어떻게 하지? 어떻게 하지?' 머릿속이 하얗게 되면서 다른 생각을 할 수가 없어요. 불안해서 자꾸만 잘못될 경우의 수를 여러 개 두고 거기에 맞는 대안을 찾느라 머리가 복잡해서 실제 일에 더 집중이 안 됩니다. 명상하는 사람은 이런 경우 어떻게 해야 할까요?

A

그렇게 걱정하는데 시간 쓰는 일이 의미 없다는 거 알고 있죠?

Q

네. 그런데 그게 제 맘대로 안 됩니다. 걱정을 안 해야지 하는데, 마음 한쪽에서는 계속 안 될 때를 대비하는 생각을 하고, 그러다 보니 일에는 진전이 없고 머리는 더 복잡해져요. 그러니까 더 불안해집니다. 자리에 앉아 있어도 일은 안 되고 불안감만 커지는 거예요.

A

자기 마음이지만 자기 마음대로 못 하는 단면이 보이네요. 그러니까 명상을 통해 마음을 자기 마음대로 할 수 있는 마음의 힘을 키워나가 봅시다. 키워야 할 마음의 힘은 크게 두 가지죠. 이 일을 걱정할 필요가 있는지를 아는 지혜와 주어진 중요 과제를 빠른 시간에 해결할 수 있는 지혜를 키워나가는 겁니다.

명상적으로 볼 때 큰일을 앞두고 걱정하는 것이 의미 없다는 사실을 분명히 할 필요가 있죠. 걱정한다고 해서 실제로 도움 되는 일은 하나도 없잖아요. 이 사실을 분명히 인식하면 걱정이 줄어듭니다. 걱정할 일이 아니라 직면해서 해결할 방법을 생각해야 한다는 걸 스스로 아는 거죠. 산란한 마음이 고요해지면 이러한 마음의 작용이 훨씬 잘 보입니다. 보이면 방향을 잡기가 쉬워지죠. 같은 시간 생각을 하더라도 방향이 중요합니다. 과제를 해결될 방향으로 생각해야 과제가 해결되겠죠. 걱정하는 방향으로 생각하면 하루 종일 앉아 있어도 걱정만 늘어날 테니까요.

또 다른 방법은 일이 잘못되더라도 본인이 어떻게 할 수 없다는 사실을 받아들여야 합니다. 본인이 최선을 다했는데도 잘못된다면 결과에 승복해야겠죠. 하지만 그 전에 미연에 다른 사람의 도움을 빌릴 수도 있습니다. 할 수 있는 최선을 다하는 데 주력하고, 자기 능력이 부족하면 타인의 힘을 빌리고. 그럼에도 불구하고 잘못되면 그때 가서 다시 생각해 보는 거죠.

마지막으로 본인이 안 될까 봐 걱정하고 있다는 사실을 알아차리면 정신을 챙겨서 생각의 방향을 바로 잡아줄 수 있습니다. 예를 들면 이런 거죠.

"잘못되면 어떡하지? 팀장님한테 혼나면 어떻게 해? 어떡하지? 이번 주 내에 다 끝내야 하는데, 못 끝내면?"

이런 식으로 걱정하고 있다면 정신을 차려 알아차리고 일을 해결하는 쪽으로 방향을 바꾸면 상황은 달라집니다. "이 과제에서 빠뜨리면 안 되는 사항이 뭐지? 어디서부터 시작해 볼까?

유사한 자료는 뭘까?" 이런 식으로 생산적인 생각으로 생각의 방향을 바꾸는 겁니다.

때로는 본인에게 주어진 과제의 핵심에 대해 다시 검토하고 자료를 찾아본 후에, 아예 생각을 비우고, 산책이나 자기가 좋아하는 일을 하면서 잠시 잊어버리는 것도 도움이 됩니다. 걱정할 시간을 긍정적으로 사용하는 법이죠. 이렇게 과제를 잊어버리고 완전히 다른 일에 몰입하거나 휴식하면 기대하지 않았던 아이디어를 얻을 수 있습니다. 쉬는 동안 알고 있던 익숙한 방식을 벗어나 새로운 안목으로 문제를 바라보다 보면 또 다른 해결책이 생각나기도 하죠.

우리는 익숙한 것에 가려서 더 많은 가능성을 놓치는 경향이 있습니다. 마음을 비우고 새로운 관점으로 문제를 바라보면 안 보이던 해결책이 보일 수 있죠. 이렇게 자기가 자기 마음의 움직임을 알아서 거품을 걷어내고 있는 그대로 상황을 제대로 인식하는 것만으로도 많은 문제를 해결할 수 있습니다. 걱정할 시간에 차라리 일을 하면 효율이 높아지죠. 잠시 쉬었다 하면 또 다른 관점으로 해결책을 찾을 수도 있죠.

과제뿐만이 아닙니다. 알고 보면 우리는 얼마나 쓸데없는 걱정이나 생각을 많이 하고 사는지 모릅니다. '생각이 짓는 업'에 속아서 스스로를 외롭고, 괴롭고, 아프게 만들기가 쉽습니다. 관건은 정신을 차리는 거죠. 정신을 차려서 합리적이고 순리적으로 해야 할 일에 집중하고 쓸데없는 걱정, 두려움, 후회, 원망, 시기, 질투 등의 감정의 거품을 걷어내는 겁니다.

06
어린아이도 명상할 수 있나요? ★

Q

제가 명상을 해보니까 너무 좋은 거 같아서 우리 아이에게도 명상을 가르쳐 보고 싶습니다. 초등학생도 명상할 수 있을까요?

A

당연히 가능합니다. 어릴 때 시작할수록 더 좋죠. 마치 수영을 어릴 때 배워두면 물가에 가더라도 조금 더 안심되는 것과 마찬가지입니다. 스포츠나 악기 연주를 어릴 때 배워두면 훨씬 다채로운 삶을 살아가는데 도움이 되죠. 명상도 어릴 때 배울수록 장점이 많습니다. 자신의 무한 가능성과 잠재성을 일찍 발견하고 발휘하면서 살 수 있죠. 명상이 주는 안정감과 균형감각은 스스로의 인생을 더 만족스럽고 행복하게 이끌어 가는데 큰 도움이 됩니다. 어떤 면에서는 유산을 많이 물려주는 것보다 나을 수도 있죠. 돈으로 환산할 수 없는 인생의 소중한 가치를 스스로 터득하고 구현해 낼 수 있는 마음의 힘을 길러주는 것이니까요.

요즘 한국 어린이들은 초등학교 때부터 대학 입시를 염두에 둔 학력 위주의 공부에 집중되어 있죠. 성공적인 또는 행복한 인생의 주체가 되어야 할 아이의 재능이나 성향 등은 간과되기 쉽습니다. 하지만 명상은 자신을 깊이 이해하도록 돕죠. 어릴 때부터 명상을 통해 자기의 재능과 소망, 무한 잠재력을 이해하면 집중력도 높아지고 스스로의 성취동기도 높아집니다. 그뿐만이 아닙니다. 명상이 주는 좋은 효과들이 많죠. 체조나 음악이나 어릴 때 시작하면 그 분야에 경쟁력이 생기듯이 명상 또한 어릴 때부터 시작하면 행복한 삶에 대한 경쟁력이 생기겠죠. 할 수 있다면 어릴 때 하는 것이 좋습니다.

Q
실제로 명상하는 아이를 본 적이 있나요? 초등학생도 명상할 수 있나요?

A

아마도 제가 명상을 제일 잘했던 나이는 일곱 살 때가 아니었나 생각합니다. 신앙생활에 열심이었던 어머니께 명상을 처음 배우던 날, 눈을 감고 앉았는데 바로 몸이 없어졌죠. 몸은 없어졌지만 그렇다고 내가 없어진 것은 아니었습니다. 오히려 나라고 하는 테두리가 없어지면서 기분이 좋아졌습니다. 가볍고 편안하고 고요한 그 느낌이 좋았죠. 지금은 정확히 기억나지 않지만 앉았다 하면 왠지 시간도 금방 가고 홀가분하고 기분이 좋았습니다. 한동안 일종의 놀이처럼 앉아서 명상했던 기억이 있죠. 생각해 보면 신기해서 할 때마다 똑같은 기분을 느낄 수 있는지 호기심도 있었던 것 같습니다. 분명한 건, 일곱 살에 명상을 했을 때는 앉을 때마다 거의 비슷한 경험을 했다는 거죠. 앉으면 바로 몸이 없어지면서 시간도 금방 가고 끝나고 나면 왠지 홀가분하고 기분이 좋았습니다. 이러한 어릴 때의 경험이 지금 하는 일과 무관하지 않겠죠.

실제로 어린아이들에게도 명상을 가르쳐봤습니다. 5세, 6세, 7세, 11세. 유아들과 초등학생을 지도해 봤죠. 아이들은 순수해서 명상을 쉽게 받아들입니다. 아이들에게 '평상시의 나를 놓고 내 안의 또 다른 나를 만나는 일'이라고 명상을 이야기하면 깊이 공감합니다. 우리 안에 원숭이 마음과 잠자는 거인 마음이 있는데 명상하면서 원숭이 마음을 잠재우면 거인 마음이 깨어난다고 하면 아이들은 금방 알아듣고 명상합니다. 명상하고 나서 말하죠.

"평소에 천방지축인 내가 나인 줄 알았는데, 내 안에 고요하고 차분한 나도 있는 것 같아요." "몸이 없어져요." "화가 날 때 명상하면 마음이 조금씩 가라앉아요." "내 안에 잠자고 있는 거인이 깨어나면 수학을 좀 더 잘할지도 모르겠네요!"

중요한 것은 아이들의 눈높이에 맞춰서 명상을 알려주는 것입니다. 자칫하면 명상에 대한 좋지 않은 기억만 남기고 등을 돌리게 될 수도 있으니까요. 하지만 아이들의 눈높이에 맞추어서 아이들이 당면한 고민이나 걱정 등을 귀 기울여 주면서 서서히 명상을 접하게 하면 아이들도 진지하게 명상에 임하게 됩니다.

몸은 나이가 있어도 마음은 나이가 없는 법이잖아요. 아이들이라고 그들만의 생각이나 의견이 없다고 생각하면 오산입니다. 아이들도 나름의 고민이 있고, 자신에 대한 좀 더 깊은 이해와 인생에 대한 의문이 있는 법이죠. 그런 것들을 잘 접목해서 명상을 알려준다면 아이들도 명상에 대한 호감과 함께 실질적인 명상의 효과를 경험할 수 있게 됩니다.

효과를 스스로 경험하게 되면 아이들 스스로가 명상을 해보고 싶어 하죠. 문제는 처음부터 '어린아이들은 명상을 못 할 거라는 선입견'입니다. 선택은 아이가 하도록 하고 일단 시도를 해보는 것이 좋겠죠.

07
교회 다니는 사람이 명상해도 되나요? ★

Q

저는 교회 다니는데 명상을 해도 될까요? 명상이라고 하면 왠지 고요한 산사에서 마음을 비우고 앉아 있어야 할 것 같아요. 저 같은 교인은 예수님을 믿으면 구원받아서 천국에서 영생할 수 있다고 믿거든요. 그런데 교회 다니는 사람이 굳이 명상을 하면 혹시라도 하나님과 멀어지고 예수님 뜻에 위배되는 것은 아닌지 걱정이 됩니다.

A

교회 다녀도 당연히 명상할 수 있습니다. 오히려 하나님에 대한 믿음이 더 강해지죠. 실질적으로 예수님을 마음으로 더 깊게 만나게 됩니다. 명상 코칭을 받고 오히려 믿음이 살아나서 냉담하던 교인이 교회로 돌아가서 신앙생활을 더 적극적으로 이어가는 경우도 있죠. 교회뿐 아니라 명상은 어떤 종교의 가르침과도 충돌하지 않습니다.

예를 들어 기독교에서는 우리의 뜻을 내려놓고 하느님 뜻대로 살라고 합니다. 명상에서도 마찬가지죠. 늘 자신을 너무 중요하게 생각하여 과몰입된 사람들에게 그 나를 내려놓고 더 큰 나에 합일하라고 합니다. 도가에서도 결국에는 '환허(還虛), 텅 빔'으로 돌아가라고 하죠. 나를 너무 중요하게 생각하고 나를 우주의 중심인 것처럼 모든 것을 내 뜻대로 하려고 하면 고통이 수반됩니다. 오히려 작은 나를 내려놓고 우주의 품에 안기든, 신의 뜻에 맡기든, 텅 빈 허로 돌아가는 데서 더 큰 자유와 행복을 발견할 수 있죠.

예수님이나 부처님을 비롯한 어떤 성자도 진리와 배치되는 가르침을 전하지 않으셨습니다. 성인의 가르침을 전달하는 과정에서 심오한 뜻이 제대로 전해지지 못하고 편파적으로 전달되었죠. 부처님, 예수님, 공자님, 노자님 모든 분이 우리 삶을 제대로 보고 깨달음을 얻으셨습니다. 육안으로 보지 않고 마음의 눈으로 보시고 이 세상을 꿰뚫는 참된 이치를 몸소 체험하시고 전해주셨죠.

성인들이 거짓말을 할 리도 없고 성인들이 바라본 세상이 종교마다 다를 리가 없습니다. 성인의 가르침에 충실하면 명상도 거기서 벗어나지 않죠. 다만 각 종교가 탄생했던 시대적 문화적 배경에 따라 조금씩 다른 표현을 사용할 따름입니다. 그러니 안심해도 됩니다.

오히려 내 안의 본성을 믿고 그 본성이 하나님과 맞닿아 있음을 경험하게 되면 신앙심이 더 깊어집니다. 우리 안에 오히려 하나님의 영광이 충만함을 느끼죠. 마음을 열고 겸허하게 경험해 나가면 타인에게 묻지 않아도 스스로 알 수 있습니다. 불필요한 불안함을 내려놓고 진지하게 명상에 임해 보세요.

08
명상하려면 여자 친구 사귀면 안 되나요? ★

Q

명상을 제대로 해보고 싶은데 여자 친구를 사귀어도 될까요? 저는 욕심이 많은 편이라 명상도 잘하고 싶고, 여자 친구도 사귀고 싶고, 돈도 많이 벌고 싶은데 가능할까요?

A

물론 가능합니다. 명상하는 목적이기도 하죠. 자세한 답을 하기 전에 먼저 몇 가지 질문을 해볼게요. 명상을 하는데 왜 여자 친구를 사귀면 안 된다는 생각을 했나요? 마찬가지로 왜 돈도 많이 벌 수 없다고 생각했죠?

Q

진짜 여자 친구를 사귀어도 명상을 잘할 수 있나요? 돈도 많이 벌 수 있고요? 제가 생각하기에 명상은 마음을 비우고 고요히 앉아 있어야 하는데 아무래도 여자 친구를 사귀면 보고 싶은 생각도 나고 자주 만나야 하니까 시간이 없을 것 같거든요. 돈 버는 것도 마찬가지로 돈을 많이 벌려면 돈을 벌 수 있는 일을 해야 하는데 그러려면 명상할 시간이 없을 것 같아서 둘 중 하나를 택해야 하는 거 아닌가 생각했어요.

A

명상하는 목적을 생각해 보면 답은 명료해집니다. 명상은 말을 안 하고 고요하게 오래 앉아 있으려고 하는 일이 아닙니다. 있는 그대로 나와 세상을 제대로 알아서 내 마음을 내 마음대로 쓰고 세상일도 잘하려고 명상을 하는 거죠. 생명 있는 모든 것은 사랑을 원합니다. 그러니 명상하는 사람이라면 오히려 사랑도 적극적으로 잘할 수 있고 잘하게 되죠. 그뿐만 아니라 돈을 많이 벌고자 한다면 돈도 많이 벌 수 있습니다. 사랑이든 돈이든 그것이 모일 수 있는 방법을 알면 돈이든 사랑이든 안 모일 리가 없으니까요. 문제는 그것을 제대로 구하거나 제대로 모으지 못한다는 겁니다.

명상을 잘하게 되면 감정의 거품과 욕심이 줄어듭니다. 그러면 실상이 보이죠. 있는 그대로 진면목이 제대로 보이는 겁니다. 거기에다가 본인이 무엇을 원하는지를 정확히 알면 집중력이 생기죠. 쥐를 제일 잘 잡는 고양이는 스스로가 고양이 임을 분명히 아는 고양이라고 합니다. 자기가 무엇을 원하는지 분명히 알고 불필요한 생각과 감정에 휘둘리지 않으면 더 쉽게 원하는 것을 얻을 수 있죠. 명상을 눈 감고 앉아 있는 일에만 한정하지 않길 바랍니다.

사랑을 하더라도 명상적으로 하면 사랑을 더 잘하게 되죠. 명상을 잘하는 사람에게 명상은 사랑하는 일과 별개가 아닙니다. 사랑하는 사람을 만날 때도 명상적으로 하죠. 그(그녀)를 만날 때마다 온전하게 관심 가져주고, 귀 기울여주고, 공감을 해주면 상대는 행복해합니다. 당신을 좋아하지 않을 이유가 없죠.

게다가 명상을 하면 분별력이 생깁니다. 무엇을 해야 하는지, 무엇을 하지 말아야 하는지에 대한 지혜가 생기므로 삶의 전반이 정리가 되고 안정이 되죠. 그러니 불필요한 일에 신경 뺏기지 않고 더 많은 시간을 사랑하는 일에 쏟을 수 있습니다. 또한 명상을 통해 우리 자신의 마음을 잘 알게 되면 상대의 마음이 잘 보이죠. 애써 노력하지 않아도 상대의 마음이 보이면 상대를 대하기가 훨씬 편합니다. 상대도 마음이 잘 통한다고 느끼고 자기 마음을 잘 이해해 주니까 고맙다고 느끼겠죠.

명상을 잘하면 사랑과 지혜가 깊어집니다. 사랑하는 이성에 대해 헛된 기대와 바람이 줄어들고 불필요한 감정 소모가 없어져서 더 충실히 사랑하게 되죠. 특정 이성에 대한 사랑뿐 아니라 모든 존재에 대한 사랑도 커집니다. 불필요한 잡념과 고통이 줄어들고 산란함과 걱정이 줄어든 그 자리에 사랑이 차오르기 때문이죠.

돈도 마찬가지입니다. 일확천금을 꿈꾸거나 허영심으로 많은 돈을 벌려면 문제가 있죠. 명상하는 사람으로서 안정된 마음과 균형감각으로 지혜롭게 돈을 벌려고 하면 그 또한 어렵지 않으리라 봅니다. 문제는 욕심이죠. 돈도 욕심으로 쫓으면 달아납니다.

본인이 욕심이 많다고 했는데 욕심을 줄이는 것보다 키우는 것이 더 쉽습니다. 개인적인 사리사욕이 아니라 좀 더 원대한 욕심으로 발전시키는 거죠. 명상하는 유능한 사업가들을 보면 환경운동이나 대사회적인 선한 영향력에 관심을 기울입니다. 한 기업가로서 작은 욕심에 그치지 않고 세상을 향한 원대한 욕심으로 키운 예죠. 명상을 통한 안목의 변화로 자연스럽게 따라오는 현상이기도 합니다.

무슨 일이든지 욕심으로 되는 일은 없습니다. 너무 걱정하지 말고 편안한 마음으로 명상도 하고, 사랑도 하고, 돈도 모아 보기 바랍니다.

09
어떤 사람과 결혼해야 할까요? ★

Q

결혼도 하고 싶고 결혼할 때가 된 것도 같은데 걱정입니다. 어떤 사람과 결혼해야 하는지도 잘 모르겠어요. 주위를 둘러보면 결혼을 잘못해서 힘들어하는 사람도 너무 많아요. 실제로 행복한 결혼 생활을 하는 사람이 얼마나 될까요? 결혼 생활이 행복한 분들을 만나본 적이 있나요? 어떤 사람과 결혼해야 할까요? 명상도 명상이지만 요즘 저의 가장 큰 관심사는 결혼이거든요.

A

결혼, 쉽지 않은 문제입니다. 요즘 더 절감하고 있죠. 가만히 보면 사랑한다고 반드시 그 사람과 결혼하는 것도 아니고 결혼하는 인연은 따로 있지 않나 느낍니다. 결혼 생활은 겉보기와 달리 부부 당사자만 아는 사연들이 있어서 함부로 판단하기도 어렵습니다.

적어도 겉보기에 행복해 보이는 부부들은 공통점이 있죠. 사랑만으로는 충분해 보이지 않습니다. 콩깍지가 씌어서 좋은 점만 보이던 사랑의 유효기간이 끝나더라도 두 사람의 관계를 건강하게 지켜줄 또 다른 뭔가가 있죠.

사랑이라는 감정 외에도 삶을 바라보는 관점, 소중하게 생각하는 가치, 살고 싶은 삶에 대한 비슷한 라이프 스타일을 가진 친구 같은 부부가 비교적 무난해 보입니다. 삶에서 중요하게 생각하는 가치나 삶의 방식이 비슷해서 부가적인 조율이나 힘겨운 노력이 덜 필요해 보이기 때문이죠.

그렇지 않고 사랑에 빠져서, 특히 나에게 없는 면에 매력을 느껴 결혼하게 되면 나중에 그 점이 오히려 헤어지고 싶은 이유가 되는 경우도 많습니다. 그러니 무엇보다 연애를 하고 결혼을 하려면 사랑에 빠지지 말고 좋아하는 걸 사랑하기 바랍니다. 스스로 똑바로 서야 한다는 거죠. 스스로 좋아하는 걸 사랑하고 열심히 하는데 상대방도 그 점을 좋아해서 서로 사랑하게 되면 훨씬 더 지속 가능해진다는 겁니다.

자신의 결핍을 상대로부터 채우려 하지 말라는 거죠.

사랑을 하려면 우선적으로 스스로를 잘 알아서 스스로 좋아하는 일을 하는 것이 중요합니다. 그렇게 혼자서도 건재할 수 있는 사람이 결혼 생활도 잘할 수 있죠. 결혼을 하더라도 좋아하는 것이 같은 상대를 만나면 서로에게 지나치게 의지하거나 집착하지 않고 건강한 관계를 오래 유지할 수 있습니다. 건강한 관계는 스스로 자기 삶을 제대로 살 수 있을 때 가능하죠.

상대로부터 무언가를 기대하며 결혼하면 실패할 확률이 높습니다. 혼자 지내기 외로워서 결혼한다거나 경제적으로 의지하려고 결혼하는 경우 반드시 문제가 생깁니다. 조심할 일이죠.

정말 사랑만으로도 건강한 결혼 생활을 이어갈 수 있는 사람을 만난다면 행운입니다. 드물지만 사랑에 대한 관점만 바꾼다면 그렇게 어려운 일도 아니죠. 예를 들어 내가 사랑을 많이 해 버리는 겁니다. 요즘은 서로 사랑을 더 많이 받으려고 따지죠. 사랑해서 결혼해 놓고 부족한 점을 감싸는 품이 부족해 보입니다. 부부간의 많은 갈등이 사랑을 누가 더 많이 주느냐, 누가 더 많이 헌신해야 하느냐로 귀결되죠. 서로 사랑을 더 많이 받고, 더 많은 헌신을 요구하면 관계는 악화될 뿐 나아지지 않습니다.

사랑에 대한 관점을 바꾸면 내가 더 많은 사랑을 줄 수 있는 사람이 곁에 있다는 것만으로도 행복이고 행운이죠. 어느 날 깨달았습니다. 인생에 있어 진짜 좋은 사람은 이해관계를 떠나 조건 없이 주고 싶은 사람이라는 사실을. 밖으로 다른 사람의 관심과 사랑을 구하면 그(그녀)에게 의존하게 됩니다. 그(그녀)의 기분 따라 내 기분이 흔들리죠. 하지만 아이러니하게도 사람은 사랑을 받을 때도 행복하지만 주고 싶은 사랑을 줄 때 더 행복합니다.

생각해 보세요. 선물을 받을 때의 기쁨은 잠시지만 사랑하는 사람을 위해 선물할 때는 얼마나 오래 행복한지를. 선물을 주겠다고 마음을 먹고, 선물을 고르고, 선물을 받았을 때 상대가 기뻐할 모습을 상상하고, 멋진 순간을 만들어 선물하고, 그 선물을 받고 기뻐하는 상대를 보는 그 모든 순간이 행복하죠.

결국 결혼을 할 때도 내 사랑의 크기가 중요합니다. 내가 더 많이 사랑하기로 해버리면, 내가 더 많이 사랑할 수 있을 사람을 선택하면 조금 더 행복한 결혼 생활을 할 수 있지 않을까요? 상대의 기분이나 상대가 나를 대하는 태도에 상관없이 사랑할 수 있는 사람을 만나고 결혼하는 거. 상대의 마음은 내 마음대로 할 수 없어도, 내 마음은 내가 조절할 수 있으니까요.

명상에서는 주인 되는 삶을 강조합니다. 어디를 가든지 내가 주인이 되는 심경으로 사는 것 말이죠. 사랑도 내가 주인이 되어서 감싸는 사랑을 할 수 있으면 문제는 그만큼 줄어듭니다. 더 많이 받으려는 마음이 문제가 되기 때문이죠.

행복한 결혼, 쉽지 않은 일이지만 주지 않는 상대의 사랑에 애태우지 말고 자신의 사랑을 키운다면 조금 쉽지 않을까요?

10
명상이 자기 계발에 도움 될까요? ★

Q

저는 자기 계발에 관심이 많습니다. 운동도 열심히 하고, 독서모임도 다니고, 자격증도 여러 개 땄어요. 지금 회사를 평생 다닌다는 보장도 없고 젊을 때 다양한 능력을 갖춰놓으면 필요할 때가 있을 것 같아 열심히 하고 있습니다. 사람들이 명상이 좋다고 해서 명상도 한번 해볼까 하는데 명상이 자기 계발에 도움이 되나요?

A

명상도 분명히 자기 계발에 도움이 되죠. 하지만 명상이 자기 계발에 도움이 되는 건 조금 다른 측면으로 접근이 가능합니다. 말하자면 명상을 통해 진정한 자아에 눈을 뜨고 안정감과 균형감을 갖게 되면 분별력이 생겨서 그렇다는 거죠.

요즘 많은 사람이 자기 계발에 관심을 갖는 일은 반가운 일입니다. 하지만 과도한 자기 계발 욕구 때문에 오히려 자신이 황폐해지는 건 주의할 일이죠. 자기 계발에 너무 열정을 쏟은 나머지 언제 멈춰야 할지 모른다는 겁니다.

의미 없이 보낼 수 있는 시간을 아껴서 자기 성장을 위해 쓰는 일은 좋은 일이죠. 하지만 멈추지 못하고 더 많은 정보를 얻고, 더 많은 기술을 배우고, 더 많이 배우는 일은 원래 의도로부터 길을 잃었다고 볼 수 있죠. 밖으로 너무 많은 것을 익히는 것을 자기 계발로 착각하지 말아야 합니다.

자기 계발에 너무 치중한 나머지 가정에서 엄마(아빠)의 존재를 간절히 기다리는 가족들, 정작 본업에 충실하지 못하고 퇴근 시간만 기다리는 아이러니, 아무리 채워도 더 불안하고 몸과 마음이 지쳐가는 본인 스스로들. 지나친 자기 계발의 어두운 면이라고 할 수 있죠. 그러려고 자기 계발을 하려는 건 분명 아니죠? 더 여유 있고 행복하기 위해 시작한 일이잖아요. 명상은 그러한 지나침에 균형을 잡아줄 수 있는, 방향이 조금 다른 자기 계발에 해당합니다.

몸과 마음의 완전한 이완과 휴식, 고요가 주는 평화와 기쁨, 동동거리는 자신을 한 발 떨어져서 바라볼 수 있는 마음의 여유, 특정 관심사에 과몰입된 안목을 더 광범위하고 깊게 바라볼 수 있게 하는 통찰력, 끊임없는 내면으로 향한 관심과 자기 성찰에 따른 자기 이해 등이 차원이 다른 방식으로 자신에 대해 눈 뜨도록 도와주죠. 그렇게 진정한 자아에 눈을 뜨고 균형감을 갖게 되면 버려야 할 것과 간직해야 할 것에 대한 분별력이 생깁니다.

진짜 자신의 삶을 찾을 수 있게 도와주는 거죠. 무슨 일이든지 지나침은 부족함만 못합니다. 자기 계발이 좋은 일이지만 멈춰야 할 지점을 알지 못하면 그 또한 안 하는 것보다 못할 수도 있습니다. 그런 면에서 명상은 분명 행복한 자신으로 이끌어 줄 자기 계발에 큰 도움이 되죠.

많은 시간을 할애할 필요도 없습니다. 소박하게 지금부터 당장 명상을 시작해 보세요. 밖으로 향하던 관심을 내면으로 가지고 와서 고요히 자신의 숨을 자각하며 몸과 마음의 휴식에서부터 시작하면 됩니다.

11
직장을 그만뒀는데 뭘 해야 할지 모르겠어요 ★

Q

예전 직장이 적성에 맞지 않아 공부도 하고 자격증도 따서 야심 차게 새로운 직장을 구했는데 이 직장도 나랑 안 맞는 것 같아 퇴사부터 해버렸습니다. 적성에 맞지 않고 앞도 보이지 않는 회사를 계속 다니는 것이 시간 아깝다는 생각이 들어서 다음 직장을 구하지 않은 채 그만뒀어요.

계획은 좀 쉬고 건강관리 하면서 이 기회에 진짜 내가 좋아하는 일이 뭔지 고민해 보는 거였죠. 처음 며칠간은 힘든 회사 생활을 하느니 자유롭고 좋다고 생각했어요. 그런데 막상 쉬는 시간이 길어지니 불안해서 여유는커녕 뭘 해야 할지 막막하기만 하고 걱정하는 시간이 늘어나고 있어요. 명상이 도움될 것 같아서 가만히 앉아서 마음을 다스려 보려고 하는데 그것도 쉽지 않네요. 어떻게 하면 좋을까요?

A

힘든 시간을 보내고 있군요. 안타까운 마음입니다. 누구든 일이나 사랑이 원활하게 굴러가지 못하면 힘이 들죠. 빠른 시일 내에 본인이 진심으로 원하는 일을 찾아서 희망하는 직장을 찾을 수 있기를 바랍니다. 그동안 명상적 시각에서 이 상황에서 할 수 있는 일을 몇 가지 생각해 보죠.

우선은 지금 이 상태를 최대한 있는 그대로 인정하고 지금 할 수 있는 일에만 관심을 가져보기 바랍니다. 과거를 자꾸 돌아보며 누구를 원망하거나 스스로 자책하지는 마세요. 일어나지 않을 일은 일어나지 않습니다. 사람들은 지난 일은 더 잘됐을 경우만 고려하지 더 나쁘게 되었을 경우는 생각하지 않죠. 그러니 후회를 하거나 원망을 합니다. 경우의 수는 두 가지죠. 퇴사를 안 했으면 더 좋았을 확률과 더 나빴을 확률이 반반이라는 겁니다. 게다가 증명할 수도 없죠. 어차피 퇴사를 해버려서 무슨 일이 일어났을지 모르잖아요. 그러니 이미 결정된 퇴사를 놓고 후회나 원망은 쓸데없는 일입니다. 과정이 어떠했든 지금 일어난 결과를 놓고 과거나 타인이나 자신을 괴롭히지는 마세요.

지금 해야 할 급선무는 본인이 어떻게 살고 싶은지, 무슨 일을 하고 싶은지 알아내는 겁니다. 최대한 자신에게 관심을 기울이고 앞으로 나아갈 방법을 연구해 보세요. 그렇다고 너무 애타는 마음으로 구할 건 없죠. 고요한 마음으로 지금 이 모든 상황을 있는 그대로 들여다보고, 이해하고, 인정하는 겁니다. 껴안는 거죠. 누구의 잘못이 아니라 어떻게든 이런 상황이 발생했고, 이런 상황에서 무엇이 최선인지 정신을 차리고 들여다보는 겁니다.

두 번째는 이왕 이렇게 된 거 지금 이 상황을 최대한 활용하라는 겁니다. 현재 시간은 많죠. 직장생활을 할 때는 돈은 있는데 시간이 없고, 지금은 시간은 있는데 돈이 없습니다. 없는 것에만 주의를 기울이면 아무것도 할 수가 없죠. 역으로 생각하면 완전히 다른 상황입니다. 직장이 있을 때는 시간은 없고, 직장이 없을 때는 시간이 있죠. 지금 가진 것으로 할 수 있는 것에 관심을 기울이면 인생은 훨씬 살만해집니다.

충분히 쉬는 것도 가능하고, 그간 못 했던 것들을 해볼 수도 있죠. 늦잠도 자보고, 맛있는 것도 해 먹고, 오랫동안 못 만난 친구도 만나고. 틈틈이 스스로 무엇을 하고 싶은지, 어떻게 살고 싶은지 생각을 해볼 수 있습니다. 직장생활 하면서 모아둔 돈으로 직장이 없는 지금, 직장생활 하면서 그리워했던 것을 과감히 시도해 볼 수도 있죠. 시간이 없어서 못 했던 여행을 가거나 하고 싶었던 것을 하는 겁니다. 마음 편히, 한시적으로. 일단 그렇게 그간 애쓴 자신에게 선물을 하면서 여유로운 마음으로 자신을 돌아보는 거죠. 정말 자신이 하고 싶은 것은 무엇인지, 어떻게 살고 싶은지, 곰곰이 생각해 보는 겁니다. 우리 인생에 이런 시간은 반드시 필요하죠. 오히려 기회입니다.

세 번째는 불필요한 것을 없애는 겁니다. 불필요한 옷들, 소지품, 인간관계마저도 고려해 볼 필요가 있죠. 프레너미(frenemy), 그러니까 친구처럼 가까이 있지만 본인의 정체성에 혼란을 주는 인연들은 정리할 필요가 있습니다. 절연까지는 하지 않더라도 자주 연락하거나 대화를 많이 하지는 말라는 거죠. 법정 스님께서도 평소에 함부로 인연 맺지 말라고 강조하셨습니다. 사람들은 사람 욕심을 내죠. 언제든 도움을 받을지도 모른다는 생각 때문에 마음에 들지 않은 행동을 하는 사람에게도 곁을 내어줍니다. 그러고는 영향을 받죠.

힘들 때일수록 사람을 조심해야 합니다. 자신을 잘 알면서 든든하게 지지해 줄 수 있는 사람을 가까이해야 하죠. 진로 상담을 하더라도 이런 분들과 해야 합니다. 그래야 어떻게든 앞으로 나아갈 수 있죠. 프레너미 같은 존재들은 위로해 주는 척하면서 발목을 붙잡을 수 있습니다. 그렇게 불필요한 것들을 떨쳐 버리면 조금씩 앞이 보이기 시작하죠. 방석 깔고 눈 감고 앉아 있지 않아도 이런 실천들이 명상적 태도라고 할 수 있습니다.

물론 고요히 앉아 생각을 쉬고 마음을 비우는 명상도 도움이 되죠. 하지만 마음이 안정되지 않아서 고요히 앉아 있을 수 없다면 삶을 명상적으로 정리하는 일이 효과적입니다.

삶이 뜻대로 굴러가지 않는 상황일수록 뺄셈의 미학이 필요하죠. 익숙한 방식을 내려놓고, 살던 대로의 방식이 아닌 새로운 관점 변화가 필요합니다. 앞이 보이지 않고 무엇을 해야 할지 모르겠다면 가장 중요하다고 생각되는 하나의 기준만 남기고 나머지는 버려야죠. 이 조건 저 조건 다 맞추려는 건 욕심입니다.

우리 삶에 일어나는 모든 일은 때가 있는 법입니다. 때가 되면 떠나야 하죠. 돌아보지 말고 앞으로 나아가야 합니다. 직관을 따르고 내면의 소리에 귀 기울이면 길은 자연히 열리죠. 살던 대로의 삶에 집착하거나, 하던 대로의 방식을 내려놓지 못하고 자신의 능력과 비전을 한계 짓는 것이 장애입니다. 앞으로 나아가지 못하도록 가로막는 또 하나의 걸림돌이죠. 열린 마음으로 내면의 소리에 귀를 기울이면 답이 내 안에 있음을 스스로 발견하게 됩니다. 용기를 잃지 말고 내면을 깊이 들여다보길 바랍니다.

에필로그

경험해 보지 못한 세상으로 나아가기

    명상을 시작했다가 중간에 그만두는 분들의 공통된 특징 하나를 발견했습니다. 바로 살던 대로 살겠다는 거죠. 명상이 좋은 건 알겠지만, 살던 대로의 삶 또한 포기 못 하겠다는 겁니다. 살던 대로 사는 것도 그리 나쁘지 않기 때문이죠. 때론 행복하고 때론 힘들지만 익숙한 방식이 편하다는 겁니다. 그러니 대부분의 사람들은 명상을 하지 않고 그냥 살죠. 뭔가 새로운 변화를 시도하는 것이 쉽지 않습니다. 그만큼 관성의 법칙은 지배적이죠. 하던 대로, 살던 대로 그냥 사는 거. 그것도 괜찮습니다.

    명상은 분명히 경험해 보지 못한 새로운 세계를 열어줍니다. 충분히 가치 있는 일이죠. 하지만 관성의 힘은 강하고 변화는 두려우므로 선뜻 마음 내기가 어렵습니다. 그럼에도 불구하고 살던 대로의 패턴을 끊고 용기 있게 도전하고 과감하게 새로운 세상으로 나아갈 수 있기를 바랍니다. 명상을 하고 나서 변화된 자신에

만족하며 행복한 사람들이 꽤 있습니다. 삶의 길을 바꾸거나 더 큰 꿈을 꾸게도 되죠.

많은 사람이 여행을 좋아합니다. 새로운 세계에 대한 동경과 익숙하지 않은 것들이 주는 그 낯섦이 신선한 매력으로 와닿는 까닭이죠. 한 번도 가보지 않은 도시는 아무리 책을 읽고 이야기를 들어도 절대 상상할 수가 없습니다. 하지만 실제 여행을 통해 경험하게 되면 그 도시만이 주는 고유한 매력에 빠져들게 됩니다.

이집트 나일강 가를 걸었을 때 기억은 잊을 수가 없습니다. 역사책에서나 읽어 본 곳에 서 있다는 사실 만으로도 가슴이 벅찼죠. 피라미드 앞에서는 말할 것도 없고, 카이로 박물관의 유물들은 아무리 수 천 년의 시간 차가 있더라도 사람의 욕구는 별 차이가 없음을 실감하게 했습니다. 양산을 비롯한 여성용 머리 장신구까지 모양만 다를 뿐 인간 삶에 필요한 것들은 다 있었습니다. 순간, 시대를 뛰어넘어 일면식도 없는 그들에게까지 마음이 열림을 느꼈죠. 여행을 가지 않았으면 상관없었던 사람들이 내 삶의 일부로 인식되기 시작한 겁니다.

명상도 이와 같습니다. 내면으로 떠나는 여행이죠. 해도 되고 안 해도 됩니다. 알아도 되고 몰라도 되지만 살던 대로 살던 일상에서는 경험하지 못했던 새로운 세계를 경험하게 되죠. 마음이 열리고 이해가 깊어지면서 예전과는 다른 자신과 삶을 경험하는 겁니다. 세상을 바라보는 관점이 바뀌면서 많이 자유롭고 온전해지죠.

명상은 때 묻지 않은 거울과 같습니다. 있는 그대로 나와 세상을 비춰주죠. 때로는 거부하고 싶은 나 자신의 부족한 면이 보이기도 하고, 지난날에 인정하지 못하고 꽁꽁 숨겨두었던 잘못을 뼈아프게 인정하게도 됩니다. 귀 기울여주지 않았던 소망이 떠오르기도 하고, 아프고 슬펐던 일들이 기억나기도 하죠. 해결할 수 없었던 문제를 해결할 수 있는 영감이 떠오르기도 하고 앞으로 무엇을 해야 할지 용기가 솟아나기도 합니다.

세상에 대해서도 마찬가지죠. 궁금했던 것이 알아지기도 하고, 평소 생각과는 다른 안목의 변화가 일어납니다. 겉으로 드러난 모습이나 상황 너머까지 꿰뚫어 보는 통찰력이 깊어지기도 하죠. 세월이 흐르고 명상이 깊어지면서 많은 일들을 경험하게 됩니다. 자신에게 불필요한 것들이 떨어져 나가며 새롭게 거듭나는 자신을 발견할 수도 있고, 세상 이치나 존재와 현상에 대해 좀 더 객관적으로 볼 수 있죠. 평소의 안목으로 보이지 않던 세상이 새롭게 열립니다.

세상은 넓고 우리는 작죠. 명상의 세계도 무궁무진합니다. 열린 마음으로 어떤 세계가 펼쳐지는지 경험하며 여행하는 일은 꽤 매력적이죠. 살던 대로 살거나 현실에 안주하고 싶다면 명상을 하지 않아도 됩니다. 뭔가 새로운 삶을 꿈꾸며 성장하는 자신을 만나보고 싶다면 명상은 꽤 유용하죠. 한 번밖에 허용되지 않는 인생을 살면서 미지의 세계를 탐험하고 경험하는 일이 매력적입니다.

여행의 감흥을 이해하는 분이라면 내면으로 떠나는 명상 여행에 초대합니다. 익숙한 방식, 알고 있던 것, 살던 대로 살던 삶을 조금 내려놓고 열린 마음과 용기를 가지고 명상의 세계로 과감하게 뛰어들어 보세요. 상상하지 못했던 세계가 열립니다. 너무 쉽게 포기했던 더 자유롭고 행복한 삶을 되찾을 수도 있죠.

아무리 김치 맛에 대한 이야기를 듣고 책을 읽어도 직접 맛보지 않고는 김치의 참맛을 알 수 없습니다. 마찬가지로 명상도 아무리 책을 읽고 강의를 들어도 직접 명상을 경험해 보지 않고는 그 맛을 알 수 없죠.

언제부터 명상을 시작하면 좋을까요? 미루지 말고 오늘부터 당장 시작해 보세요. 시간 날 때 틈틈이 해도 좋고, 고정된 시간을 정하는 것도 좋죠. 아침에 일어나자마자 간단히 몸을 풀고 앉아서 명상할 수 있습니다.

출근해야 하는 분은 점심 후에 혼자만의 장소를 찾아서 잠시 명상할 수도 있죠. 가까운 공원이나 주변 벤치에 앉아서 할 수 있습니다. 저녁에 근무 마치고 돌아오는 버스나 전철에서도 잠깐 시간을 낼 수 있죠. 저녁 먹고 잠들기 전 잠깐 앉아서 명상할 수도 있습니다.

집에 머무는 시간이 많은 분은 언제든 시간을 낼 수 있죠. 아침 먹고 잠시 티타임을 가진 후 앉아서 명상할 수도 있고, 오후에 한가한 시간을 잠시 할애할 수도 있습니다. 마음만 먹으면 언제든지 가능하죠. 중요한 것은 마음을 먹는 일입니다. '해야겠다' 생각하면 어떻게든 시간을 낼 수 있지만 '못 하겠다' 생각하면 어떤 시간도 할애하기가 어렵죠.

몸으로 앉아서 명상을 시작하는 것이 좋습니다. 하지만 앉지 않으면 명상을 할 수 없는 것도 아닙니다. 서든 눕든 마음만 내면 할 수 있죠. 마음을 내서 명상의 심경으로 '고요하고 깨어있는 마음'을 챙기는 것을 잊지 않으면 됩니다. 명상이 눈 감고 앉아 있는 것이 전부가 아니기 때문이죠. 몸을 앉힐 수 없다면 마음을 앉히면 됩니다. 마음을 고요히 하고 정신을 차려서 산란한 마음을 알아차리고 깨어나면 명상인 거죠.

무슨 일이든지 시작이 반입니다. 미루지 말고, 오늘부터 당장 '명상하는 사람'이 되어보길 바랍니다. 하다 보면 길이 열립니다. 명상을 함께 할 수 있는 인연이 나타나기도 하고 스스로 어떤 매력에 빠져들 수도 있죠. 한 송이 꽃을 피우듯 일단 시작하며 씨앗을 심는 겁니다. 때가 되면 꽃이 핍니다. 여러분만의 향기와 빛깔을 지닌 꽃. 어떤 꽃이 피어날지 호기심을 갖고 소박하게 시작해 보기 바랍니다. 책으로만 읽고, 말로만 듣던 명상의 김치 맛을 직접 체험해 보세요. 오늘부터 당장.